마흔에 다시 만난 베토벤

마흔에 다시 만난 베토벤

Ludwig van Beethoven

이지영 지음

클래식으로 다시 보듬어보는
중년의 마음들

bs
브레인스토어

Contents

Contents

프렐루드

Prelude
마흔, 다시 베토벤을 만났을 때

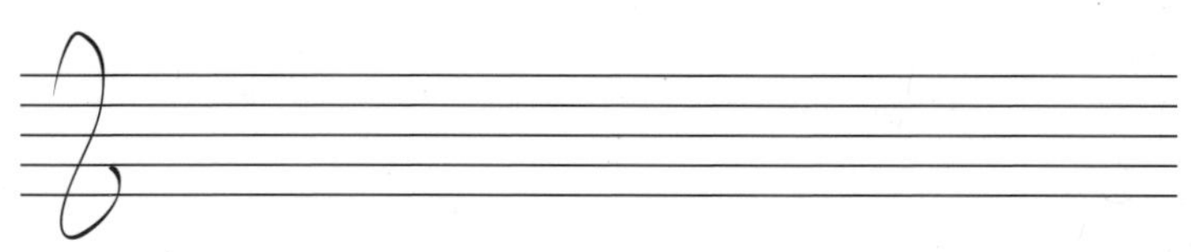

오랫동안 음악을 공부하고 연주하면서 음악을 통해 배운 삶의 철학을 나누고 싶었습니다. '철학philosophy'의 어원은 '지혜sophia를 사랑하다philos'라는 고대 그리스어 '필로소피아 philosophia'에서 시작되었습니다. '어떻게 하면 삶을 사랑하며 지혜롭게 살 수 있을까' 하는 질문은 평생의 화두였습니다. 40년간 피아니스트로서 연주하고 강의하며 알고 싶었던 질문에 대한 답을 베토벤이라는 음악가를 통해 조금씩 찾게 되었습니다.

베토벤은 저의 음악 인생에서 가장 큰 비중을 차지하는 음악가입니다. 그의 곡을 대할 때마다 연주자로서의 카타르시스를 경험했습니다. 그것은 단순히 기술적 숙달을 넘어 음악과 제가 혼연일체되는 순간이었습니다. 눈물이 나고 환희가 느껴지는 경이로운 순간이었습니다. 베토벤을 첫 책으로 다룬 이유도 바로 이 혼연일체의 경험, 음악가로서 베토벤과 깊이 소통한 통찰을 독자들과 나누고 싶었기 때문입니다.

베토벤의 음악 자체가 그의 고뇌와 역경을 음악 언어로 써 내려간 '자서전'입니다. 그가 살았던 삶의 지혜가 악보에 고스란히 적혀 있는 셈입니다. 베토벤의 음악을 들으면 가슴이 먹먹해지기도 하고 답답했던 순간이 뻥 뚫리듯 시원해지기도 하면서 인생의 희로애락을 그대로 마주하게 됩니다.

베토벤은 어떻게 그 모든 고난을 넘어섰을까요? 청력을 잃은 절망 속에서도 '운명은 내가 정한다'는 믿음을 어떻게 가질 수 있었을까요? 매일 아침 커피 원두 60알을 세는 사소한 습관이 어떻게 위대함을 창조하는 힘이 되었을까요? 극심한 고통과 고독 속에서 '나를 치유할 사람은 나 자신이다'라는 깨달음을 얻고 불가능을 가능으로 바꾸는 '베토벤의 마법'을 부릴 수 있었던 비결은 무엇일까요?

이 책은 베토벤을 음악 멘토로 두고 그의 삶과 음악을 피아니스트의 관점에서 해석하고, 중년의 마음을 다시 보듬을 수 있는 구체적인 삶의 지혜를 나눕니다. 타인의 시선과 세상의 기준을 넘어 베토벤이 발견했던 '나다움'을 찾아가는 여정에 여러분을 초대합니다. 특히 베토벤이 청력 상실 속에서 찾았던 '침묵과 호흡'의 기술이 어떻게 그의 내면의 소리에 집중하는 강력한 힘이 되었는지 그 비밀을 알려드립니다.

베토벤이 자신의 고뇌와 역경을 음악으로 승화시켜 불후의 명곡을 남겼듯이 이 책은 독자 여러분이 고통과 불행에 매몰되지 않고 긍정과 희망을 볼 수 있는 길을 안내합니다. 이 여정을 통해 각자의 독창적인 '인생 교향곡'을 완성할 용기와 지혜를 얻으시기를 바랍니다.

베토벤은 신분의 장벽과 외부의 평가를 넘어섰습니다. "후작은 천 명도 더 있겠지만, 베토벤은 오로지 나 하나뿐이다"라고 단호히 외쳤던 그의 신념처럼 이 책은 당신이 누구와도 비교할 수 없는 'Only One'이 되는 길을 조명합니다.

고독이 곧 자유였던 베토벤의 내면을 따라 40년간 음악인의 관점에서 해석한 통찰의 길을 함께 걸어보시겠습니까? 이 책이 당신의 마흔, 또는 인생의 어떤 전환점에서든 위대하게 다시 태어날 수 있는 이정표가 되기를 진심으로 바랍니다.

베토벤의 환상, 루돌프 하우스라이트너, 1882

일상의 반복이 위대함이 된다
산책 중 발견하는 삶의 기쁨

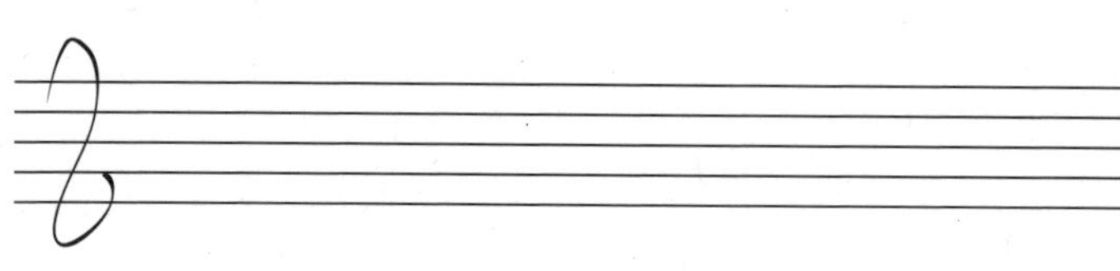

"고결한 추억이야말로 소중한 재료이다. 우리의 정서는 이
재료를 통해 삶이라는 시를 빚는다."

베토벤에게 있어 가장 큰 기쁨은 음악을 완성해서 세상에 내
놓는 것이었다. 잠자는 시간도 아까워했던 그가 매일 반복했던 것
이 있었는데 그것은 바로 '산책'이었다. 귀가 들리지 않으면서 점점
자신 안에 갇혀가던 베토벤에게 자연은 그의 은신처이자 친구였고
편하게 머무를 수 있는 치유의 공간이기도 했다. "모든 나무가 말을
걸었다. 거룩하구나, 숲속은 황홀하다"라는 베토벤의 메모를 보면
자연은 단순한 배경이 아닌 '삶의 친구'였음을 알 수 있다.

자연을 가까이하다 보면 한결 마음이 편해진다. 많은 사람들이 주말에 등산을 가거나 공원을 산책하는 이유이기도 하다. 독일의 철학자 니체도 산책을 좋아했다. 그는 건강이 좋지 않아서 35세의 젊은 나이에 스위스 바젤 대학의 교수직을 내려놓은 후로는 매일같이 산책을 하면서 집필에 몰두했다. 하루에 8시간씩 자연을 걷다 보면 깊은 내면을 느낄 수 있는 순간이 여러 번 찾아온다고 말했다. 그 시간은 "나와 자연의 경계가 사라지면서 하나 되는 기쁨을 느끼는 순간"이라고 했다.

사람들이 자연을 찾는 이유는 무엇일까. 아마도 직장이나 사회생활에서 경직된 모습을 벗어던지고 본래의 자연스러움을 되찾고 싶기 때문일 것이다. 과장하거나 위축되고 집착하거나 걱정하는 모습이 아닌, 있는 그대로의 자신을 자연으로부터 배우고 싶은 본능이 우리를 주말마다 산으로 강으로 바다로 이끈다.

자연은 아낌없이 주어도 모자라지 않고 마음껏 받아도 부담스럽지 않다. 자연의 넉넉함과 여유로움 속에서 우리는 잃어버렸던 자연스러움을 되찾는다.

오랜 시간 걷다 보면 걷는 행위 자체에 온전히 집중되는 순간이 찾아온다. 걷고 있는 '나'만 느껴지면서 외부 세계의 소음들이 사라지고 깊은 고요 속으로 빠져든다. 어떤 경계도 생각도 없이 '있는 그대로'의 나와 자연을 느끼는 그 순간, 마음에 파도도 일지 않고 걱정과 근심도 없으며 아주 평온하게 깨어 있게 된다.

많은 사람들이 명상은 가만히 앉아서 고요하게 자신을 바라보는 일이라고 생각한다. 하지만 걸으면서도 명상은 가능하다. 걸으면 머릿속을 어지럽히던 잡념들이 하나둘 사라지고 머리는 맑아진다. 자연스럽게 현재의 자신과 상태에 온전히 머무를 수 있게 된다.

자신에게 온전히 머무를 수 있다면 주위의 사물들과 하나 되는 경험도 찾아온다. 걸어가며 만나는 나뭇잎들이 바람에 흔들리는 소리가 보인다. 새소리가 귓가에 선명하게 들리고 작은 풀의 푸르름이 눈에 생생하게 다가온다. 이런 순간들이 모두 명상의 순간이다. 산책이 곧 명상이 되는 순간이다.

자신의 현재 기분과 상태를 더 많이 알아차릴수록 삶은 더욱 풍요로워진다. 경험이 영감이 되어 삶의 시로 나타난다.

전원 교향곡은 베토벤이 자연 속에서 산책하며 받은 재료와 영감으로 만들어진 음악적 시다. '전원 교향곡'은 베토벤이 제목뿐 아니라 각 악장별 제목까지 모두 직접 붙인 유일한 교향곡이다. 베토벤은 '전원 교향곡' 제목 옆에 "시골 생활의 추억", "회화적 묘사라기보다 감정의 표현"이라고 악보에 마치 부제와도 같은 메모를 적어놨다. '시골에 도착했을 때 느끼는 즐거운 감정', '목동의 노래, 폭풍이 지나간 뒤의 기쁨과 감사'처럼 각 악장에도 표제를 직접 정했으며, 산책을 하며 느낀 '감정'을 음악으로 표현했음을 알 수 있다.

자연은 많은 것을 품고 있다. 같은 길을 산책해도 매일, 매시, 매분 달라진다. 그 순간을 얼마나 감각적으로 느끼느냐는 늘 자연을 가까이해 온 사람이 더 잘 안다. 대자연은 있는 그대로를 받아들인다. 그 앞에서 분노, 걱정, 근심은 더 이상 문제가 되지 않는다. 자연에 대한 경이로움과 자신의 존재 사이의 경계가 사라지고 하나가 될 때 모든 걱정은 사라진다.

청각을 잃고 괴로워하던 베토벤도 자연과 함께일 때 그 자신이 마치 자연이 되는 듯한 경험을 했을 것이다. 가장 자연스럽고 편안한 상태, 그것은 명상을 하고 있는 상태와 다를 게 없다. 베토벤은 그런 고요하고 깊은 상태에서 수많은 악상과 영감을 받았을 것이다.

미국 작가 팀 페리스는 "위대함이란 더 나은 자신이 되기 위해 끊임없이 매일 쏟아 붓는 작은 행동"이라고 말했다. 베토벤이 매일 산책을 통해 영감을 얻어 작품으로 남겨놓은 일상이 없었다면 오늘날 "위대한 베토벤"은 존재하지 않았을지도 모른다. 더 나은 나를 위해 반복하는 행동 자체가 '위대함'임을 베토벤은 몸소 알려주고 있다. "진정 위대한 생각은 걷기로부터 나온다"는 니체의 말이 베토벤의 위대함을 받쳐준다.

　　운명 교향곡과 전원 교향곡은 거의 같은 시기에 작곡되었고 같은 날 함께 베토벤의 지휘로 초연되었다. 하지만 두 곡의 분위기는 상반된다. 전투적이고 격렬한 운명 교향곡과는 달리 자연의 평화로움을 담은 전원 교향곡은 자연과 매일 대화하듯 주고받은 영감을 음악으로 남긴 곡이다. 베토벤이 사람은 속일 때가 있지만 자연은 그렇지 않다고 말한 것처럼 자연으로부터 받은 에너지를 이 곡에 담았다. 자연 속에서 느낀 평화로움이 잘 드러나는 음악이다.

교향곡 No.6 Op.68 '전원'

"전원 교향곡은 회화적 묘사가 아니다. 전원에서의 즐거움이 사람의 마음속에 환기시키는 여러 가지 감정표현이며, 그에 곁들여서 몇가지의 기분을 그린 것이다. 그러므로 단순한 묘사가 아니라 전원이 인간에게 주는 감정이나 느낌을 나타낸 것이라 할 수 있다."

— 베토벤의 수첩 중

지휘: 헤르베르트 카라얀 Herbert Karajan
연주: 베를린 필하모닉 오케스트라 Berliner Philharmoniker

타인의 평가는 중요하지 않다

"명성을 얻은 예술가는 그 때문에 괴로워한다. 따라서 그들의 처녀작이 때로는 최고다."

음악가라는 직업은 항상 타인의 평가를 받아야 하는 직업이라 해도 과언이 아니다. 연주자, 작곡가, 지휘자의 작품과 연주 실력을 평가하는 것은 어쩌면 당연한 일이다. 그러다 보니 무대에 서야만 하는 예술가에게 관객의 평가는 중요할 수밖에 없다. 무대에서의 평가는 운명처럼 생각하고 남의 시선을 연연하지 않는 음악가로 훌쩍 성장하는 경우도 있지만 그렇지 못하는 경우도 있다. 특히 첫 무대나 경연대회에서 최고의 평가를 받았다면 다음 무대에 대한 부담은 더욱 커질 수밖에 없다.

반 클라이번 피아노 콩쿠르에서 최연소로 우승한 피아니스트 임윤찬은 쇼팽 에튀드 전곡 음반을 내면서 한 인터뷰에서 "근본 있는 음악가는 자신에 대한 믿음이 있고, 두려움 없는 표현을 하며, 귀로 듣고 머리로 생각하기 전에 음을 치자마자 심장을 강타하는 음악가"라고 했다. 피아니스트 임윤찬이 콩쿠르 우승 후 연이은 연주 활동에도 흔들리지 않고 꿋꿋하게 자신의 레퍼토리를 만들어가며 호평을 받을 수 있었던 가장 큰 이유가 '자신에 대한 믿음'이었다.

타인의 평가는 통제할 수 없는 부분이다. 내 손을 떠난 거다. 평가하는 주체가 자신이 아니라는 생각이 명확해지면 굳이 두려워할 이유도 없다. 두려워한다고 바뀔 수 있는 것도 아니기 때문이다.

좋은 평가를 받으면 감사하고 기쁘다. 그동안의 노력과 과정을 확실히 보상 받는다는 생각이 들기 때문이다. 그렇다고 해서 타인의 평가와 시선이 음악활동의 중심이 되거나 인생의 중심이 된다면 무슨 일을 하든 본인이 만족하는 삶 자체가 어려울 수 있다. 각자의 생각은 개개인이 모두 다르고 다양해서 어느 한 사람에게 맞출 수도 없는 것이다.

베토벤의 작품 번호 10(Op.10)의 세 개의 피아노 소나타에 대해 호평과 혹평이 동시에 존재했음을 보여주는 기록이 있다. "생각을 마구잡이로 쌓아놓고 기괴한 방식으로 조합"했다는 평과 "독창적이며 독자적인 길을 걷는 천재의 곡"이라는 극 상반되는 평이다. 비평가들도 각자의 시각과 관점이 다르기 때문에 나타나는 현상이다.

베토벤이라고 혹평에 예민하지 않을 수는 없었다. 실제로 베토벤의 작품이 상업적인 가치로 인정받게 되면서 작품에 대한 좋지 않은 비판은 베토벤도 냉소적인 논평으로 대응하기도 했다. 영웅 교향곡이 초연될 당시 "과함, 기괴함, 통일성과 명료성의 부족"이라는 평에 베토벤은 오히려 그러한 평을 실은 「무지칼리셰 차이퉁 Allgemeine musikalische Zeitung」[*] 잡지에 대한 근본적인 신뢰를 흔드는 논평을 쓰기도 했다.

베토벤의 음악은 세간의 엇갈리는 평가에 상관없이 해가 갈수록 더 과감하고 새로운 시도가 돋보이는 작품들로 확장됐다. 베토벤의 인생 전반을 걸쳐 작곡한 32개의 피아노 소나타는 그의 삶을 음으로 표현한 자서전과 같다. 마지막 소나타 작품 111의 32번(Op.111 No.32)은 보통 소나타가 갖고 있는 총 3악장이나 4악장의 구성 대신 2악장으로 구성되어 있다. 1악장은 운명과 투쟁하는 듯한 격렬함과 긴장감이 가득하며 2악장은 정반대로 평화, 안식, 기도하는 마음이 드는 조용한 곡이다. 피아니스트 에드윈 피셔Edwin Fischer가 2악장을 두고 "형용할 수 없는 순수한 아름다움과 투명

---

* 1798년 프리드리히 로클리츠가 라이프치히에서 창간한 독일 음악 전문 잡지. 베토벤 작품 리뷰 등 음악 저널리즘을 개척했다.

함과 깊이에 차 있어 천사의 소리가 들린 듯 했다"라고 경탄할 정도로 종교적인 성스러움을 느끼게 하는 곡이다.

베토벤 피아노 소나타 1번과 32번을 나란히 들으면 그 사이에 얼마나 확장되고 변화된 음악 세계가 펼쳐지는지 바로 느낄 수 있다. 베토벤이 스스로에 대한 믿음을 가지고 자신만의 음악어법으로 곡을 완성해가지 않았다면 베토벤이 태어나고 250년이 지난 오늘날까지도 그의 곡을 연주하고 있었을까.

피아노 소나타 No.32 Op.111 2악장

베토벤 마지막 피아노 소나타. 음악사상 최고의 소나타로 평가받는다. 베토벤은 원래 초판을 불멸의 연인 후보였던 안토니 브렌타노에게 헌정할 생각이었지만 그를 꾸준히 지지하고 후원해준 루돌프 대공에게 헌정하는 쪽으로 마음을 바꾸었다. 그러나 런던판 출판을 위한 편지에서는 직접 안토니에게 헌정하라는 지시를 내렸고 런던판에서는 브렌타노의 이름이 헌정자로 남게 되었다. 두 개의 악장만으로 구성. c단조와 C장조. 베토벤이 한평생 추구해 온 이념 '어둠에서 광명으로', '투쟁에서 승리로', '고뇌에서 환희로'가 구현됨. 베토벤의 거친 투쟁이 1악장에 담겨있다면 2악장은 천상의 나라에 도달한 듯 평화와 안식, 기도하는 마음이 드는 곡.

피아노: 알프레도 브렌델 Alfred Brendel

사소한 일상의 반복은
우릴 지탱하는 힘이다
베토벤과 커피 원두 60알

"나는 매일 아침 식사에 나의 벗을 한 번도 빠뜨린 적이 없다. 나의 벗 커피를 빼고는 어떤 것도 좋을 수가 없다. 한 잔의 커피를 만드는 원두는 내게 60여 가지의 영감을 준다."

60알의 원두 수를 정확히 세어서 내려 마신 베토벤의 커피는 일상에 활력을 주는 일종의 의식이었다. 오늘날 에스프레소 한 잔을 만드는 7~10그램의 무게에 맞먹는 원두 수가 60알이라고 하니 베토벤의 미각도 예술작품만큼 뛰어났음을 증명한다. 이 때문에 원두 60알은 커피 세계에서 '베토벤 넘버'라고 불린다. 원두를 세는 잠깐의 시간동안 베토벤은 어떤 생각을 했을까? 60여 가지의 영감은 어떤 것이었을까?

어떤 일을 계획하고 꼭 해야겠다고 다짐하지만 5분도 채 지나지 않아 그 결심이 흔들리는 이유는 여러 가지가 있다. 예를 들어, 중요한 서류를 정리해야 한다고 마음먹었는데 갑자기 이메일 확인이 급하다고 느껴지거나 집안 청소를 시작하려던 중 갑작스러운 인터넷 뉴스 알림에 관심이 쏠리는 경우가 있다. 해야 할 일에 완전히 몰입하려면 높은 수준의 자기통제력과 집중력이 필요하다.

베토벤이 매일 같이 원두를 정확히 세어서 커피를 내리는 일은 잡념을 떨쳐버리는 의식과도 같았다. 좋은 습관은 하루를 잘 보낼 수 있는 밑바탕이 된다. 커피를 내리는 일은 계획이라기보다 생활의 일부다. 원두를 세며 현재에 집중하는 생활 습관은 창작을 해야 하는 사람에겐 더없이 필요한 순간이다.

연주자들은 규칙적인 연습이 필요하다. 매일 같은 시간에 피아노 앞에 앉아 전날까지 연습했던 부분을 쳐보기도 하고, 처음부터 끝까지 쉼 없이 쳐보면서 원하는 소리를 찾기 위해 반복하고 또 반복한다. 연주가 다가오기 직전에는 실전 대비를 위해 상상 속 무대 연습을 하거나 실제 무대에 미리 가서 리허설을 하기도 한다. 무대 리허설을 하는 이유는 자신의 기량이 환경이 바뀌었을 때도 제대로 나오는지 확인하고 연습실과 다른 음향 차이에 익숙해지기 위해서다.

같은 시간, 같은 장소에서 반복하며 연습하지만 사실은 연주자의 컨디션에 따라 결과와 만족도는 매일 다르다. 어떤 날은 집중이 잘 되기도 하지만 그렇지 않은 날도 있다. 어제는 분명히 만족스러웠던 부분이 오늘 만족스럽지 못할 때도 있다. 일을 하는 동안에도 순간순간 떠오르는 잡념이 연습과 창작활동을 방해할 수 있다. 본격적인 연습과 창작으로 들어가기 전 '나만의 의식'을 통해 정신을 가다듬고 호흡을 고르면서 스스로를 충전할 수 있는 시간이 필요하다.

바흐의 성악곡, '커피 칸타타'처럼 베토벤이 커피를 소재로 작곡한 음악은 없다. 하지만 베토벤이 말했듯이 60가지의 영감을 받을 정도로 '커피 내리는 의식'은 작품에 많은 영향을 주었다. 바흐의 성악곡 '커피 칸타타'에서 "커피는 키스보다 달고 와인보다 부드러우며 마시면 기분도 좋아진다"는 가사처럼 베토벤도 매일 아침 커피의 매력에 빠져 있었다.

잡념이 없어지고 하루를 어떻게 보낼지에 대한 생각의 시간은 누구에게나 필요하다. 가부좌를 틀고 눈을 감는 명상 자세를 하지 않더라도 원두알을 정확히 세고, 커피를 내리고, 커피향을 맡는 이 모든 과정을 놓치지 않고 그 순간에 머물렀다면 그것이 곧 '명상'이다. '현재'에 머무르며 영감까지 받았다면 매일같이 하는 리추얼로 더 이상 완벽할 수 없다.

커피를 마실 때 들으면 좋을 베토벤의 네 손을 위한 피아노 소나타를 소개한다. 모차르트, 슈베르트와는 달리 베토벤의 네 손을 위한 피아노 음악은 많지 않다. 두 피아니스트가 한 피아노에 나란히 앉아서 함께 연주하는 것이 베토벤의 성격에 잘 맞았을 거라는 생각은 들지 않는다. 베토벤이 조금 더 오래 살았다면 네 손을 위한 곡을 더 작곡했을지도 모른다. 낭만주의 시대로 접어들면서 신흥 부르주아 계급이 성장했고 대부분의 가정에서 피아노 한 대쯤은 갖추고 있던 시기였기 때문이다. 가족들끼리 칠 수 있는 악보가 잘 팔리면서 네 손을 위한 곡은 점점 더 불티나게 팔렸다.

베토벤의 2악장으로 구성된 '네 손을 위한 피아노 소나타' 작품 번호 6(Op.6)은 그가 새로운 음악적 시도를 할 무렵에 작곡이 되었지만 선배 작곡가 모차르트의 영향을 많이 받은 곡이다. 그럼에도 베토벤 특유의 음악적 표현이 곳곳에 나타난다.

네 손을 위한 피아노 소나타 Op.6

신흥 부르주아 계급이 생기면서 집에서 가족끼리 한 피아노에 앉아 연주할 만한 악보가 점점 불티나게 팔리기 시작한다. 베토벤이 27살에 작곡한 곡으로 활기차고 경쾌한 선율이 특징이다.

피아노: 루카스 유센 Lucas Jussen
아르투르 유센 Arthur Jussen

내면의 소리를 들어야 한다

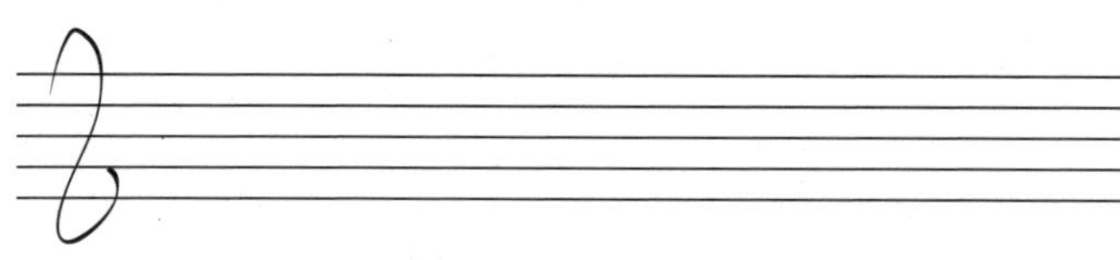

진정한 연주자가 되기 위해서 가장 중요하다고 할 수 있는 하나는 '내면 소리 듣기'다. 악기를 처음 배울 때는 기술을 익히는 것에 급급하지만 좀 익숙해지면 소리의 차이를 알게 된다. 조금씩 남들과 다른 소리, '나만의 소리'를 내고 싶어진다.

연주에 능숙해질수록 잘하고 싶은 마음은 커진다. 그 마음이 오히려 무대에서 실수하게 되는 요인이 되기도 한다. 연습 때는 잘 되던 부분이 무대에 가서 실수가 잦아지는 건 잘 해야 한다는 욕심에서 시작된다 해도 과언이 아니다. 이는 연주자에게만 해당되는 얘기는 아닐 것이다. 잘하려는 마음을 내려놓는 순간 일이 술술 풀리고, 잘할 수 있을까 걱정했던 프레젠테이션이 성공적으로 끝난 경험은 누구나 한번쯤 있지 않을까.

악기 소리는 내 마음을 표현한다. 불안하고 긴장된 마음이 소리로 나타나기도 하고 안정적이고 평화로운 마음이 음악으로 표현되기도 한다. 성악가들을 보면 더 잘 알 수 있다. 목소리가 그들의 악기이기 때문에 다른 어떤 악기보다 적나라하게 느낄 수 있다.

연주자는 익숙하고 노련해질수록 섬세한 소리의 차이도 구분할 수 있게 된다. 악기 자체의 소리뿐 아니라 내가 표현하고 싶은 소리가 악기로 전달된다. 연주자 내면의 소리도 악기를 통해 전달된다.

악기를 다룰 때의 '기술'은 기본을 쌓는 행위다. 하지만 기술이 모든 것을 해결하지는 않는다.

베토벤은 피아니스트이자 작곡가로서 뛰어난 기량을 지녔다. 하지만 청각장애라는 시련이 찾아왔을 때 죽음과 포기, 불가능의 벼랑 끝에서 그를 구한 것은 작곡 기술이나 연주 능력이 아니었다. 베토벤은 자신의 영혼이 원하는 것을 들을 수 있었다. 내면의 소리에 귀 기울일 수 있었다.

외부의 소리가 사라지자 오히려 내면의 목소리는 더 선명해졌다. 그는 귀로 듣는 음악이 아닌, 영혼으로 느끼는 음악에 집중했다. 음악은 단순한 예술 작품이 아니라 그의 몸과 영혼을 살리는 생명줄이었다.

하일리겐슈타트 유서는 그의 가슴과 영혼이 말하는 것을 옮겨 놓은 글이다. 그가 앞으로 어떻게 살아야 할지에 대한 해결책이 담긴 글이다. 마음이 불안하거나 안 좋은 일이 있을 때 일기를 쓰듯 자신의 마음을 고백하는 글을 쓰다 보면 해결 방법이 서서히 보이는 경험들이 있을 것이다.

계획하는 일, 이루고자 하는 일이 있을 때, 슬픔과 고통에서 빠져나오고 싶을 때, 방황하며 갈 길을 못 찾을 때 내면의 소리에 귀기울이는 것이 우선이다. 악기를 배울 때도 처음엔 악기 소리에서 출발하지만 결국엔 자신의 내면과 마주하며 그 목소리를 듣는 법을 배워야 한다. 특정 부분이 기술적으로 어려울 수도 있고, 음악적으로 표현하기에 쉽지 않을 수도 있다. 하지만 그 어려운 부분들을 기술적으로만 접근해서는 연주자 자신이 만족하기엔 한계가 있다. 연주자가 만족이 되지 않는데 관객에게 감동을 줄 수 있는 여지가 줄어드는 건 당연하지 않겠는가.

연주자가 되기까지 수많은 평가의 자리에 선다. 평가받는다는 것은 늘 긴장을 불러온다. 갖고 있는 능력과 그동안 연습한 실력을 실전에 모두 발휘할 수 없을 때도 있다. 실전에 더 강해지기 위해서 필요한 것은 내면의 소리에 귀를 기울이는 것이다. 평가를 넘어선 자신에 대한 믿음은 모든 일의 밑바탕이다.

베토벤은 총 32개의 피아노 소나타를 작곡했다. 피아노 소나타 작품 번호 31(Op.31)의 세 작품은 베토벤이 청각문제를 고칠 수 없을 거라는 절망감을 느끼며 하일리겐슈타트 유서를 쓴 후 작곡되었다. 음악만이 살 길임을 알게 된 후의 작품이다.

작품 번호 31 중 두 번째 작품은 베토벤의 당시 심경을 대변이라도 하듯 '템페스트(폭풍)'라는 제목이 붙여졌다. 이 제목이 붙여진 데는 제자 쉰들러Anton Schindler의 일화가 전해진다. 쉰들러가 베토벤에게 이 소나타에 대해 묻자 셰익스피어의 『템페스트』를 읽어보라고 한 것에서 유래했다고 전해진다.

하지만 베토벤의 편지와 자료들을 훔치거나 일부를 왜곡하거나 자의적으로 고친, 말 많고 탈 많은 쉰들러가 지어낸 해프닝일 수 있다는 점을 간과해서는 안된다. 템페스트 소나타와 셰익스피어 에피소드는 베토벤과 직접적인 관련이 없다고 하더라도 베토벤의 유품에서 셰익스피어의 『템페스트』가 나온 것을 보면 그가 셰익스피어의 작품에 관심이 있었던 것만은 사실로 보인다.

템페스트는 소나타 형식을 따르고 있지만 기교와 구성에서 변화를 시도한다. 제목처럼 폭풍 전야의 고요함을 암시하듯 시작한다. 그의 복잡한 심경을 묘사라도 하듯 두 마디마다 템포표시를 바꿨다. 아주 느리게Largo 시작하자마자 다시 빠르게Allegro를 두 번이나 반복한다. 가다 서다를 반복하는 느낌이다. 이러지도 저러지도 못하는 꽉 막힌 상황이지만 다시 도전해보려는 의지를 보여주듯 시작한다.

2악장은 제시부, 발전부, 재현부가 있는 보통 소나타 형식과는 다른 '발전부가 없는' 변형된 소나타 형식을 보여준다. 발전부는 말 그대로 다른 요소를 추가하면서 발전시키는 부분이다. 하지만 제시한 주제를 바로 재현하며 2악장을 끝낸다. 3악장의 계속적인 음형 반복은 어디가 강박인지 약박인지 모르는 계속되는 슬럼프, 마치 굴레 같다. 끊임없이 귓병에 신경 쓰고 있는 본인의 압박감을 표현한듯. 이 악장을 연주하다 보면 베토벤이 겪고 있는 번뇌와 고통을 여실히 느끼게 한다.

템페스트는 베토벤이 가장 힘들었을 때 작곡한 피아노 작품으로, 특히 강렬하면서도 비애감이 넘치는 3악장은 대중적으로도 상당히 유명한 작품이다.

피아노 소나타 No.2 Op.31 '템페스트'

하일리겐슈타트 유서 작성 직후에 쓰여진 작품으로 베토벤의 정신적 고뇌와 결연함이 반영된 곡. 특히 강렬하면서 비애감이 넘치는 3악장이 유명한 작품.

 피아노: 글렌 굴드Glenn Gould

삶은 죽음에서 시작한다

"음악은 영적 세계와 현실 세계의 중재자다."

베토벤이 귀에 문제가 생겼다고 느꼈을 때는 고향 본을 떠나 빈에서 피아니스트로서 명성을 얻게 되고 작곡가로서도 입지를 다져가던 중이었다. 베토벤은 여러 의사들을 만나서 다양한 치료법을 써봤지만 별다른 효과가 없었다. 대체의학 치료법도 써보았다. 냉수욕도 하고 아몬드 기름이나 확실히 밝혀지지 않은 추출액을 귀에 바르거나 다양한 약초로 배를 문지르기도 했다. 일시적인 효과가 있기는 했지만 근본적인 치료는 되지 않았다.

"나로서는 다른 누구보다도 완전해야 할 하나의 감각, 지난 날에는 다시없이 완전하였으며, 분명히 나와 똑같은 직업의 사람들도 거의 갖고 있지 못할 만큼 완벽하게 소유하였던 감 각의 결함을 어떻게 사람 앞에 드러낼 수 있단 말이냐!"

베토벤 사후에 발견된 편지에 적힌 일부다. '하일리겐슈타트 유서'로 알려진 이 글은 당시 베토벤이 청력을 완전히 잃을지도 모른다는 사실에 죽고 싶을 만큼 고통스러웠던 심경을 고백한 편지 형식의 글이다.

베토벤이 귀가 잘 들리지 않아 사람들과 쉽게 어울릴 수 없음을 인정하기까지 얼마나 많은 시간이 걸렸을까. 가장 친한 친구들에게도 병을 앓은 지 3~4년이 지난 후에야 얘기했을 정도다. 사실은 들리지 않아서 생겼던 오해 섞인 해프닝 때문에 사람들에게 '괴팍하다'는 인상을 남겼을지도 모른다. 누구보다도 사람들과 얘기하기를 좋아했다는 것은 그가 친구에게 보낸 편지를 통해 엿볼 수 있기 때문이다.

베토벤이 더 불행하다고 생각했던 이유는 더 이상 타인과 소통하고 교류하는 사교 모임에 나갈 수 없게 되면서부터다. "완전히 혼자"이면서 "추방당한 사람"처럼 지낼 수밖에 없는 상황을 묘사한 베토벤의 편지를 보면 베토벤이 얼마나 고통스러웠을지 상상조차 힘들다.

베토벤도 귓병 때문에 죽고 싶을 만큼 힘들었지만 그를 죽음과도 같은 절망에서 빠져나오게 한 건 '예술'이라고 했다. 음악 창작은 베토벤이 자신과의 소통도 세상 사람들과의 소통도 회복할 수 있는 힘이 되었다.

> "하마터면 스스로 목숨을 끊을 뻔했다. 이런 나를 제지해 준 것은 예술이었다. 오로지 그것뿐이었다."

몸도 마음도 힘들었던 베토벤이 한적한 시골 마을 하일리겐슈타트에서 한동안 머물면서 깨닫게 된다. 바로 그의 병을 낫게 할 방법은 결국엔 백방으로 알아봐야 할 의사도 대체의학도 아닌 '음악'을 죽는 날까지 하는 것임을. 들리지 않는데 어떻게 음악을 계속할 수 있을까라는 두려움에서 벗어나서 '그럼에도 불구하고' 음악만이 살 길임을 찾게 된 것이다.

베토벤에겐 음악이 유일한 해결책이었다.

문제 해결의 실마리는 생각보다 멀리 있지 않다. 원래 하고 있던 일일 수도 있고, 평소에 가까이 있었지만 생각치 못한 어떤 것일 수도 있다. 자신의 불행을 남에게 얘기하기란 쉽지 않다. 지금 당장 불행한 일을 겪고 있을 때는 더욱 그렇다. 베토벤도 다양한 치료를 통해 불행의 늪에서 자신을 구하려고 몸부림치다가 요양하러 간 작은 지역인 하일리겐슈타트에서 암흑시대의 끝을 경험한다.

끊임없는 창작 활동은 베토벤의 귓병도 장애가 될 수 없을 만큼 위대한 작품을 남겼다. 우리가 잘 알고 있는 운명 교향곡, 합창 교향곡은 하일리겐슈타트 유서를 쓴 이후 탄생한 작품들이다. 그의 청각 장애는 베토벤 내면의 소리에 더 귀를 기울일 수 있었던 계기가 되었고 그는 작품을 통해 오늘날 현대인과 소통하는 위대한 작곡가가 되었다.

운명 교향곡은 베토벤의 9개 교향곡 중 가장 유명하다고 해도 과언이 아니다. 교향곡의 첫 음부터 이렇게 격렬하게 시작하는 악장은 드물다. 운명 교향곡은 그가 사랑했던 요제피네와의 교제로 잠시 작업을 접어두었다가 그녀와의 관계가 틀어지고 작곡에 다시 몰두하면서 완성된 곡이다. '베토벤' 하면 이곡의 '운명동기'인 4개의 음 '따-다-다-단~'이 떠오를 정도로 대중적인 곡이 되었다.

교향곡 No.5 Op.67
'운명'

"베토벤은 이 교향곡에서 자신의 내밀한 사유를 펼쳐놓는다. 그가 숨기고 있는 고통, 응축된 분노, 너무도 우울한 낙담으로 가득한 몽상들, 밤의 이미지, 솟구쳐 오르는 열정이 교향곡의 주제를 마련해 준다. 여기서 나타나는 멜로디, 화성, 리듬, 관현악법의 형식들이 힘과 고상함을 갖춘 만큼 본질적으로 개인적이며 새로운 것임이 드러난다."

— 베를리오즈

지휘: 글렌오토 클렘페러 Otto Klemperer
연주: 필하모니아 오케스트라 Philharmonia Orchestra

* 1악장 음반은 NASA가 1977년 보이저 탐사선에 실어 보낸 골든 레코드에 수록

상황 판단이 빨라야 한다

"남의 충고를 들어서 좋은 일이란 극히 드물다. 무슨 일을 철저하게 생각한다면 누가 당사자 이상으로 모든 사정을 구체적으로 생각할 수 있을 것인가."

베토벤은 눈치 빠른 전략가다. 자신이 나아가야 할 방향과 그에 부합하는 대상을 잘 선택하는 통찰력이 보인다.

베토벤이 삶을 끝내고 싶을 정도로 괴로워했던 청각장애를 제쳐두고라도, 그 시대에 '프리랜서'로 산다는 것은 결코 만만한 일이 아니었다. 귀족들의 후원을 받았지만 하이든, 모차르트 같은 음악가들과는 또다른 삶을 살았다. 30년 이상을 귀족의 가문에 예속

된 음악가로 살았던 하이든, 예속되고 싶지 않았지만 완전히 자유
롭지도 못했던 모차르트와는 달리 베토벤은 '독립적인 예술가'의
삶을 선택했다.

베토벤은 그의 작품에 대한 출판료를 직접 제안했고 그렇게
값을 매긴 타당한 이유를 대며 출판사에 당당히 요구했다. 그가 귀
족들의 후원을 받고 있었지만 그렇다고 해서 그들에게 아쉬운 소리
는커녕 더 큰소리를 쳤다.

누구든 경제적 자유를 원한다. 베토벤도 그랬다. 오로지 음악
에만 매진하기 위해 베토벤에게 경제적 자유는 더욱 절실했다. 베
토벤을 후원하는 귀족들로부터 매달 약속된 연금을 제 때 받는 것,
공들여 쓴 작품을 그가 원하는 작품료를 받고 계약하는 것, 베토벤
의 자필 악보를 필사해서 출판사에 넘기는 필사자* 고용비 정도만
꾸준히 들어왔다면 베토벤에게 큰 걱정은 없지 않았을까. 하지만
실제로 프랑스의 공격으로 빈에 있던 귀족들이 피난을 가서 더 이
상 후원을 받지 못하는 상황이 되기도 했고 베토벤이 제시한 작품
료보다 적게 받을 수밖에 없었던 때도 있었다.

영화 〈카핑 베토벤Copying Beethoven〉에서 베토벤의 필사
자 안나를 보면 베토벤의 악보를 필사하며 느꼈던 어려움을 고스란
히 느낄 수 있다. 물론 안나라는 캐릭터는 영화에서 만든 가상의 인
물이기는 하지만 실제로 악필이었던 베토벤의 악보를 베껴 쓰는 일

---

* 베토벤의 필사자들은 작곡가의 악명 높은 난필을 해독해야 하는 고된 임무를 맡았다. 연주자들
이 읽을 수 있도록 깨끗하게 옮겨 적는 필수적인 존재였으며 베토벤의 음악이 세상에 나가기 전
마지막 관문이었다.

은 뛰어난 필사자라 할지라도 결코 만만치 않았을 거다.

베토벤은 자신의 처지와 상황을 더 나은 방향으로 선택하기 위해 구체적으로 실행에 옮겼다. 1809년 39살의 베토벤은 제롬 보나파르트의 카셀 궁정직 제안을 받아들였다. 제롬 보나파르트는 프랑스 혁명을 통해 황제가 된 나폴레옹 보나파르트Napoléon Bonaparte의 동생이다.

궁정에 속한 음악가가 아닌 진정한 '예술가'로서의 명성을 쌓은 베토벤이 갑작스럽게 지방의 궁정음악직을 맡겠다고 선언한 이유는 무엇이었을까? 카셀 궁정직 제안을 받기 직전 베토벤은 안데르빈 극장Theater an der Wien에서 교향곡 5번과 6번, 피아노 협주곡 4번, 합창 환상곡을 포함한 4시간짜리 대규모 콘서트를 열었다. 베토벤 전기 작가 배리 쿠퍼Barry Cooper는 이 콘서트를 "베토벤 경력에서 가장 놀라운 것"이라고 평가한다. 4시간의 음악회를 기획한다는 것 자체가 무모해 보이기도 하지만 그럼에도 그의 명성이 음악회를 추진할 수 있었던 발판이 되었을 것이다. 이런 대규모 공연을 직접 열 수 있다는 것만 보아도 베토벤은 역대급 스타였음을 알 수 있다. 당시 뛰어난 음악가로 정평이 나 있던 베토벤이 음악의 중심지였던 빈을 떠나 지방으로 갈 결심을 했다는 것, 적어도 기록으로 남아 있고 그렇게 소문이 났다는 것은 베토벤의 심경에 큰 변화가 있었음을 의미한다.

물론 4시간의 긴 음악회가 성공적으로 끝나지 못했던 결과도 영향을 미쳤을 것이다.

성공하지 못한 콘서트의 결과는 참담하다. 경제적 손해뿐 아니라 심리적으로도 크게 위축될 수밖에 없다.

베토벤은 그 어느 때보다 음악 활동에만 집중할 수 있는 환경이 절실했다. 돈 때문에 삶이 구차해지지 않고 후원금과 앞으로 계약할 출판물 등의 확실한 정리와 관계 설정이 필요했다.

시대적인 변화도 베토벤의 결정에 영향을 미쳤다. 당시 오스트리아는 나폴레옹과의 계속된 전쟁으로 최악의 시기를 보내고 있었다. 막대한 전쟁 비용을 감당하기 위해 지폐를 남발하면서 화폐 가치가 급격히 하락했다. 같은 돈으로 살 수 있는 것이 1년 사이에 절반도 안 될 만큼 심각한 인플레이션이었다. 프랑스 군대는 두 차례나 빈을 점령했고 베토벤을 후원하던 빈 귀족사회는 전쟁의 여파로 재정적 어려움을 겪을 수 밖에 없었다. 영웅과 귀족이 이끌어 가던 시대가 흔들리고 중산층 신흥세력 부르주아가 새로운 주류로 떠오르던 과도기였다.

이렇게 불안정한 상황에서 베토벤도 미래를 장담할 수 없었다. 이것이 바로 그가 카셀의 궁정 악장직을 진지하게 고려하게 된 배경이다.

베토벤이 카셀의 궁정악장이 될 거라는 소문이 났다. 베토벤은 소문이 나길 내심 바라고 있었는지도 모르겠다. 소문은 대성공이었다. 베토벤을 후원했던 루돌프 대공, 로프코비츠 공, 킨스키 공세 사람이 베토벤을 놓치지 않기 위해 카셀 궁정직에서 제시한 금액보다 높은 금액을 지급하겠다고 약속했다. 더군다나 베토벤에게 연금을 '평생' 지급하기로 했다. 어떤 불행이 닥쳐 더 이상 예술 활동을 못하는 경우가 생긴다 하더라도 말이다.

이 정도면 베토벤이 더 이상 지방 궁정직으로 가야 할 이유는 어디에도 존재하지 않는다. 베토벤은 카셀과의 연봉 협상에서도 빈의 귀족들이 베토벤에게 준 처우를 흘렸다. 베토벤은 자신이 처한 현실적인 상황을 정확히 파악하고 발빠르게 처신하며 경제적 안정을 찾을 수 있었다.

빈에서 최상류층과 지냈던 베토벤이 유럽의 음악 중심지 빈을 떠나 지방 도시의 궁정악장으로 간다는 건 이해하기 어려운 결정이었다. 그는 이미 본을 떠나오면서 프리랜서의 길을 택했으니 번복할 일은 없었을 것이다.

베토벤이 20년 넘게 음악을 가르치며 친구처럼 지냈던 후원자, 루돌프 대공*에게 헌정한 곡만 10곡 이상이다. 루돌프 대공에게 헌정한 곡 중 '고별' 소나타는 총 32곡의 피아노 소나타 중 베토벤이 직접 제목을 붙인 유일한 곡이다. '템페스트', '발트슈타인', '열정'처럼 부제가 붙은 소나타가 여럿 있지만 모두 출판사에서 붙인

* 오스트리아 프란츠 2세 황제의 동생, 대주교와 추기경을 지낸 음악 후원자. 베토벤의 제자이자 가장 충실한 후원자로 베토벤에게 피아노와 작곡을 배우며 친구가 되었고, 대공 삼중주, 황제 협주곡 등 14개의 작품을 헌정받다.

제목이다.

부제가 고별인 이유는 프랑스와 오스트리아 간의 전쟁 중 루돌프 대공이 빈을 떠나야 하는 상황에서 베토벤이 작곡했기 때문이다. 1악장은 '고별Das Lebewohl', 2악장은 '부재Die Abwesenheit', 3악장은 '재회Das Wiedersehen'라고 붙이면서 루돌프 대공이 빈으로 돌아오기를 기다리며 작곡했고 그가 돌아온 후 헌정했다. 1악장 시작 첫 세 음에 'Le-be-whol'이라고 가사를 붙여 이 곡 전체의 동기로 삼았다. 연주자의 관점에서 가곡이 아닌 피아노 독주곡에 단 한 글자지만 이렇게 가사를 붙인 건 예외가 아닐 수 없다. 특히 전체 곡에서 이 세 음의 동기가 주제로 사용된 점은 특별하다.

피하고 싶은 일도 결국엔 정면으로 맞닥뜨려 해결하려는 의지를 낼 때 조금씩 실마리가 보인다. 좀처럼 풀기 어려워 보였던 문제도 결국 하나둘 풀어진다. 베토벤의 전략적인 마인드가 빈의 최상류층 귀족들의 마음을 움직이게 했고 창작과 음악 활동에만 심혈을 기울일 수 있는 생활 조건을 만드는 데 성공했다.

피아노 소나타 No.26 Op.81a '고별'

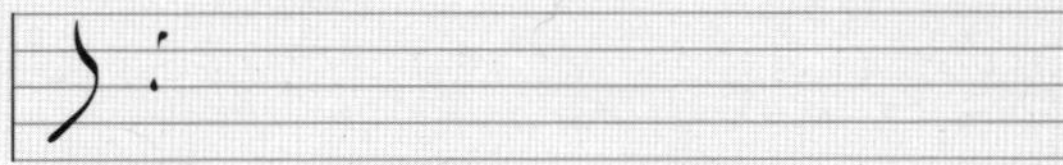

베토벤에게 음악을 배운 제자이자 후원자였던 루돌프 대공에게 헌정한 곡. 악장마다 '고별', '부재', '재회'라는 제목을 베토벤이 직접 붙인 유일한 소나타.

피아노: 다니엘 바렌보임Daniel Barenboim

운명은 내가 정한다

"나는 내 음악이 어떤 운명을 맞을지 조금도 걱정하지 않는
다. 그 운명은 행복한 것일 수밖에 없다. 내 음악을 듣는 사람
은 누구든 인간들을 짓누르는 온갖 불행에서 빠져나올 수 있
을 것이다."

베토벤은 자신이 창조한 음악에 대해 자신감 그 이상의 감정
을 갖고 의미를 부여했다. 청각장애, 복통, 간질환으로 고통받던 베
토벤에게 작곡은 병든 몸과 지친 마음으로부터 자유를 얻을 수 있
는 유일한 시간이었다. 결코 쉽지 않았던 베토벤의 삶에서 음악을
창조할 때만큼은 가장 큰 위안을 받을 수 있었고 자신이 만든 음악

이 주는 있는 힘에 대한 믿음이 강해지는 건 당연했다.

창작자가 자신이 만든 작품에서 위안을 받고 자신감을 회복하더라도 대중의 반응은 창작자의 마음과 항상 같을 거라는 보장은 없다. 때로는 혹평을 받기도 하는데 작곡가에 따라 다음 작품을 쓰기까지 오랜 시간이 걸리기도 한다. 라흐마니노프는 교향곡 1번의 초연을 크게 실패한 후 무려 3년 동안 다음 작품을 시작하지 못했다. 최면요법치료까지 받을 정도로 실망과 우울에 빠져 있다가 작곡한 피아노 협주곡 2번이 크게 성공하면서 음악활동을 다시 시작하게 된다.

베토벤의 작품도 모두 호평을 받은 것은 아니다. 하지만 음악은 베토벤의 살아가는 희망이고 치유이자 불행을 떨칠 수 있는 유일한 방법이었기 때문에 '혹평 따위'에 오랜 시간 지장을 받을 수 없었다. 베토벤 자신에 대한 무한한 의지와 신뢰가 작품의 성공과 실패 여부와는 관계 없이 흔들리지 않는 마음을 보여주었다. 혹평 뒤에 따라오는 걱정이라면 출판 계약과 다음 작품 의뢰로 연결되는 경제적 문제에 관한 것이었다.

베토벤의 음악 작품은 고통을 이겨낸 산물이자 진정한 기쁨 자체였다. 그래서 베토벤은 그의 음악을 듣는 사람들도 어떤 불행이든 벗어날 수 있을 거라 장담했다. 베토벤 탄생 250년이 지났지만 그의 음악은 아직도 전 세계 연주홀과 방송을 통해 울려 퍼지며

'베토벤 정신'을 알린다. 베토벤이 자신의 작품을 두고 "온갖 불행에서 벗어날 수 있는 음악"이라고 했던 주문과도 같은 바람은 오늘날까지도 이어지고 있다.

베토벤의 '크로이처' 소나타는 피아노와 바이올린의 팽팽한 열전이다.

고전시대 바이올린 소나타는 피아노 파트가 주된 부분이었고 바이올린 파트는 반주에 불과했다. 모차르트 이후 변화가 시작되었고 크로이처 소나타는 이러한 변화를 완성시킨 작품이다. 바이올린이 더 이상 피아노의 반주자가 아닌 피아노와 동등한 악기로서의 변화를 가져온 작품이다.

크로이처 소나타는 프랑스 바이올린 연주 학교 설립자인 크로이처에게 헌정한 작품인데 그는 "지나치게 난해한 작품"이라고 연주를 거부했고, 한 무명의 비평가는 "가장 기이한 음악"이라고 혹평했다. 이런 시각에도 불구하고 80년 후 톨스토이가 같은 제목 '크로이처 소나타'로 단편소설을 쓸 정도로 다른 예술 분야에도 영향을 끼쳤다.

소설 『크로이처 소나타』는 남편이 베토벤의 크로이처 소나타를 함께 연주한 바이올리니스트와 아내와의 관계를 질투하고 의심하다 결국 아내를 살해한다는 내용이다. 톨스토이는 소설의 주인공의 말을 빌려 음악에 대한 생각을 가감 없이 표현하고 있다.

'음악은 그것을 작곡한 사람의 정신세계로 곧바로 저를 데려
갑니다. 저는 작곡가와 영적으로 하나가 되어 그와 함께 이
상태에서 저 상태로 옮겨 다니는데, 제가 왜 그렇게 되는지
는 저도 잘 모릅니다.'

크로이처 소나타를 들었던 톨스토이는 불꽃 튀듯 급박하게
진행되는 바이올린과 피아노의 주고받는 대화를 들으며 소설의 영
감을 받았을 것이다. 톨스토이는 창작자와 감상자가 서로의 감정을
나누어 가질 수 있을 때 훌륭한 예술이라고 했다. 그래서 음악은 무
섭다고까지 표현할 정도였다.

베토벤의 크로이처 소나타는 꽤 자극적이다. 바이올린 소나
타 중 이렇게 끊임없이 흥분의 상태로 몰아가는 작품도 드물다. 베
토벤이 이 곡에 대해 "협주곡풍으로 연주되는 피아노와 바이올린
을 위한 소나타"라고 말할 정도로 두 악기의 엄청난 파워가 전달되
는 곡이다.

베토벤은 자신의 음악이 "인간들을 짓누르는 온갖 불행에서
빠져나오게 할 것"이라 믿었다. 톨스토이는 실제로 자신의 집에서
베토벤의 크로이처 소나타를 듣고 깊은 감동을 받아 이 소설을 쓰
기 시작했다. 소설 속 주인공은 베토벤의 크로이처 소나타를 들으

며 "작곡가와 영적으로 하나가 되어" 베토벤의 정신세계로 이동하는 경험을 한다. 베토벤의 음악은 그가 의도했든 아니든 듣는 사람의 영혼 깊숙한 곳까지 닿아서 각자의 내면과 마주하게 만드는 힘을 지니고 있다. 위로가 되든 격정이 되든 그의 음악은 우리를 가장 솔직한 자신의 모습으로 데려간다.

바이올린 소나타 No.9 Op.47
'크로이처'

1악장은 무려 15분 가까이 이어지는 협주곡 같은 스케일로 바이올린이 피아노를 압도하는 열정적 대화를 펼친다. 이 작품을 헌정받은 크로이처조차 "너무 어렵다"고 불평했다. 톨스토이 소설 "크로이처 소나타"에 직접적인 영감을 준 작품이다.

바이올린: 정경화 Kyungwha Chung
피아노: 케빈 케너 Kevin Kenner

나를 치유할 사람은 나 자신이다

“행복은 외부에서 오는 것이 아니다. 너는 모든 것을 너의 마음속에서 창조해내지 않으면 안 된다.”

음악도, 언어도, 미술 작품도 모두 '내'가 창조한다. 겉으로 보이는 예술적인 창작물만 창조하는 것이 아니다. 기쁨, 슬픔 같은 감정과 기분도 모두 자신이 창조한다. 누가 봐도 극복하기 힘든 상황 속에서 희망을 찾고 긍정을 창조하는 건 바로 자신이다. 누구도 대신해 줄 수 없다.

베토벤은 불행한 어린 시절을 보냈다. 베토벤 전기 작가이자 심리학자인 메이너드 솔로몬은 태어나자마자 일주일 만에 죽은 형을 대신해서 살아간다는 생각을 가졌을지도 모르는 베토벤의 부담감에 대해 언급했다. 루드비히 판 베토벤Ludwig van Beethoven이라는 이름은 죽은 형의 이름이기도 하고, 본 궁정 음악 감독이었던 할아버지의 이름이기도 했다.

죽은 형의 이름을 그대로 물려받은 것도 모자라 그 시대 최고의 자리에 올랐던 음악가 할아버지의 이름이기까지 하다니. 베토벤은 형의 몫까지 열심히 살면서 유능한 음악가였던 할아버지의 삶에 누가 되지 않기 위한 마음이 무의식적으로라도 작용하지 않았을까. 한 가지 확실한 건 베토벤은 할아버지가 가졌던 명예를 자랑스럽게 생각했고 할아버지 같은 음악가가 되기를 원했다는 사실이다. 평생 60번 넘게 이사를 다녔던 그가 항상 챙겼던 것 중 하나가 할아버지의 초상화였다는 사실만 봐도 알 수 있다.

16살이 되던 해에 베토벤은 어머니와 이별한다. 어머니의 죽음은 집안의 가장이나 다름없던 베토벤에게 더욱 큰 충격으로 다가왔다. 아버지는 노래하는 궁정 음악가였지만 그리 많지도 않은 월급을 모두 탕진할 정도로 술을 좋아했다. 궁정 음악가의 지위마저 박탈당한 후에는 집안의 가장 역할은 베토벤의 몫이 되었다.

어린 시절 베토벤의 아버지는 베토벤이 모차르트 같은 음악가가 되길 바라면서 혹독한 음악 교육을 시켰다. 방에 가두어 놓고 몇 시간씩이나 피아노 연습을 시켰고 연습을 게을리하면 매로 다스

렸다는 얘기가 전해질 정도다. 그럼에도 불구하고 베토벤에게 음악은 인생을 열정적으로 살아갈 수 있는 힘이 되었다.

베토벤이 음악을 끝까지, 성공적으로 할 수 있었던 이유는 "음악은 넘어지지 않게 붙들어주는 유일한 것"이었기 때문이다. 영화 〈불멸의 연인〉에 등장한 베토벤의 대사다. 음악은 그에게 닥친 청각장애의 시련을 극복할 수 있게 한 유일한 방법이자 신분 계급을 뛰어넘어 존경과 찬미의 대상이 될 수 있는 유일한 수단이었다. 어려운 환경 속에서도 포기하지 않는 베토벤의 근성은 본인만이 삶의 방향을 정할 수 있고 행복을 창조할 수 있다는 신념을 보여준다.

베토벤은 오스트리아 빈으로 이주한 뒤, 모차르트도 온전히 이루지 못했던 '진정한 프리랜서 음악가'로 자리잡는 데 성공한다.

빈의 최고 권력자들과의 친분도 영향을 미쳤지만 피아니스트로서의 실력이 알려지면서 최상류층의 후원과 연주 요청이 쇄도하고 그의 명성도 높아진다. 베토벤은 귀족 가문이나 궁정에 귀속되어 악기 관리부터 작곡, 연주까지 도맡아 해야 하는 관리인 수준에 머물렀던 베토벤 이전의 음악가들과는 전혀 다른 대우를 받았다.

베토벤과 괴테가 함께 걸어가다 황후를 만났을 때 괴테는 길을 비켜 모자를 벗고 몸을 숙였고 베토벤은 가던 길을 당당히 걸어갔더니 오히려 황후의 무리들이 길을 비켰다는 일화가 전해질 정도였다. 시대를 생각할 때 진위 여부에 대해 의심이 가는 에피소드이지만 베토벤의 태도는 귀족들에게 늘 당당했고 때로는 그들에게 뼈 때리는 말도 했으니 이런 에피소드도 전해지는 게 아닌가 싶다.

베토벤의 명성이 높아질 무렵 청력 상실이라는 큰 시련이 닥쳐온다. 청력 장애에 대한 상실감이 빈에서의 성공을 온전히 누리지 못하게 했다. 성공과 함께 찾아온 시련은 오히려 베토벤을 고립시켰고, 고립될수록 고통스러웠다.

고통은 많은 감정을 동반한다. 포기, 체념, 수긍, 순응, 희망. 이 모든 감정이 다르게 보이지만 연속되는 감정선상에 함께 존재한다. 인생은 고통이기도 하며 희망이기도 하다. 우리는 그렇게 매순간을 같은 뜻의 다른 단어를 선택하고 창조해가며 살아가고 있다. 베토벤의 청력 상실은 가장 큰 고통인 반면 음악이라는 희망을 찾게 뒤 계기가 되는 것처럼 말이다.

외부 소리를 들을 수 없을 때 상상력과 창조력이 더 커질 수 있는 가능성도 생각해 볼 수 있다. 유행에 민감하거나 트렌드를 쫓는 패션과 음악을 생각해 보면 이해가 쉽다. 트렌드에 노출되거나 많은 음악을 접하면 참고하기에는 좋지만 정작 '나만의 스타일'을 가진 음악을 작곡하기엔 어려울 수도 있다.

베토벤의 고통스러웠던 인생은 음악이 매개가 되어 희망적인 인생이 되었다. 끊임없이 새로움을 추구하고 이전의 음악 기법을 넘어서 자신만의 음악 세계를 만들어갔다. 음악이 곧 인생이 되었다. 베토벤의 음악 자체가 베토벤이 될 수 있었던 건 자신이 마주하고 있는 현실과 창조해 내고 싶은 현실에 대한 깊은 통찰이 가능했기 때문이다. 그의 인생은 고난의 연속이었지만 음악을 통해 긍정과 희망을 선택했다.

베토벤 피아노 협주곡 4번은 이전의 콘체르토 형식을 깨고 피아노 독주로 시작한다. 아주 고요한 피아노 선율의 시작은 연주자로서도 관객으로서도 가슴 떨리는 순간이다. 보통 오케스트라가 길게는 2~3분 이상 먼저 연주 후 독주 악기가 시작되는 관례를 피아노 협주곡 4번이 깼다. 아름다운 독주 피아노 선율에 이어 오케스트라가 피아노 선율을 그대로 받아 연주하는 부분은 너무나 아름답다.

피아노 협주곡 4번을 초연한 날은 장장 4시간에 달하는 전설적인 음악회였다. 1808년 초연이 이루어진 안 데어 빈 극장의 청중들은 익숙하게 듣던 협주곡과는 다른, 형식과 내용이 새로운 피아노 협주곡을 연습이 덜 된 오케스트라의 연주로 들어야 했다.

초연 후 베토벤의 피아노 협주곡 4번은 한동안 들을 수 없었다. 베토벤이 세상을 떠나고 10여 년이 지난 1836년, 낭만주의 시대의 대표적인 작곡가, 멘델스존이 라이프치히 게반트하우스에서 이 곡을 연주하면서 부활한다.

피아노 협주곡 No.4 Op.58

피아노 협주곡 4번 초연당시 운명교향곡과 전원 교향곡이 함께 초연되었고 무려 4시간의 음악회에 대중의 반응은 좋지 않아서 베토벤 생전 2번밖에 연주하지 않았지만 베토벤 사후 멘델스존에 의해 재조명되어 큰 인기를 얻기 시작한 곡. 현재는 많은 피아니스트가 즐겨 연주하는 협주곡.

지휘: 정명훈 Myung-whun Chung
피아노: 임윤찬 Yunchan Lim

나무보다 숲부터 본다

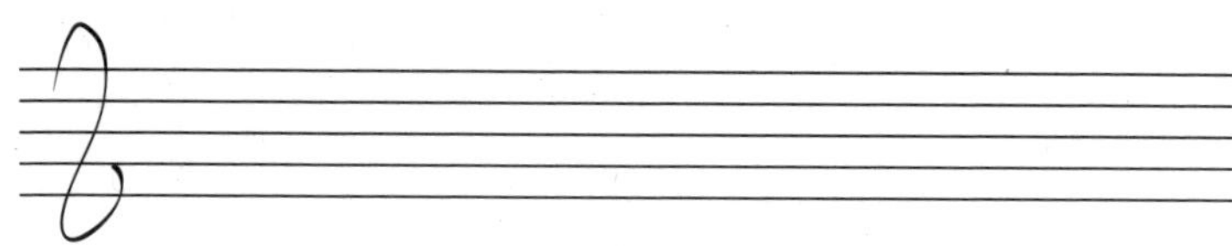

살고 있던 집이나 새로 이사할 집의 인테리어를 할 계획이라고 상상해보자. 꼭 배치하고 싶은 가구나 소품, 장식 등을 먼저 정할 수도 있고, 우선 기본적인 컨셉을 정한 다음 그것과 잘 어울릴 만한 소품과 가구들을 결정할 수도 있다. 앤틱이냐 모던이냐 같은 컨셉에 따라 집 안에 채워지는 내용물은 전혀 달라진다.

작곡도 인테리어와 마찬가지다. 컨셉을 먼저 정하고 작곡하느냐 또는 꼭 쓰고 싶은 주제 선율이나 리듬이 떠올라서 그것을 가지고 시작하느냐다. 장르나 악기 편성, 전체적인 구조가 컨셉을 미리 정하는 거라면 세부적인 주제, 악상, 선율, 리듬은 컨셉에 맞는 소품과 가구들이라고 생각할 수 있다. 나무와 화초를 조금씩 심어 가면서 정원을 구상할 수도 있고, 원하는 정원의 이미지를 확고하게 정했다면 그에 가장 잘 맞는 적합한 꽃과 나무를 심을 수도 있다. 작곡가가 선호하는 방식에 따라 작곡법은 다양하다.

베토벤은 전체적인 컨셉을 우선 정하는 편이었다. 주제 선율, 리듬 같은 구체적인 부분보다 전체적인 공간적 구성을 먼저 생각했다. 그는 작곡할 때만큼은 상당히 체계적이었다. 장르와 악기 편성, 조성 설계까지 굵직굵직한 것부터 확실히 정했다. 조성으로 곡의 성격이 결정되면 대략적인 형식을 정했고, 틀 내에서 각 부분이 차지하는 비율에 대해 생각했다.

모차르트와 하이든이 중심 주제를 먼저 생각한 후 전체로 발전해 나가는 방법과는 추구하는 스타일이 달랐다. 베토벤도 이런 식으로 작업한 곡이 있지만 공간적 구성에 대한 전체적 아이디어를 우선으로 생각했다. 조성의 흐름, 주제 선율과 동기가 정해졌다면 좀 더 구체적이고 자세한 부분을 다듬어 갔다.

베토벤은 디테일도 놓치지 않았다. 악상기호, 악센트, 점, 선, 이음줄 같은 프레이징* 관련 기호를 섬세하게 표시했다. 당시 출판업자들에게는 성가신 일이었다. 인쇄에서 조그만 기호라도 빼먹거나 프레이즈를 끝맺는 이음줄이 베토벤이 의도한 길이와 다르게 길

* 음악의 작은 악절phrase을 문장의 구절처럼 나누고 연결해 호흡처럼 자연스럽게 표현하는 연주 기법.

거나 짧게 인쇄된 걸 보면 베토벤은 출판사에 즉각 수정하길 요청했다.

집착에 가까웠던 디테일이 오늘날까지도 베토벤이 의도한 아티큘레이션*대로 정확히 연주할 수 있는 바탕이 되었다. 글에도 쉼표, 마침표, 물음표가 있어서 억양과 톤을 바꿀 수 있듯이 음악에서는 분위기를 전환하거나 강조할 수 있는 아티큘레이션이 중요하다. 사람의 말투가 다르듯, '음의 말투'를 아티큘레이션을 통해 다룬다고 생각하면 된다.

베토벤의 기보 작업은 일종의 연주였다. 베토벤의 말년으로 갈수록 기보는 더 명확해졌다. 기보가 명확해질수록 더 잘 들렸다. 기보는 그의 들리지 않는 청각을 시각화하는 과정이었고 그렇게 시각화된 악보는 베토벤의 머리에서 더 또렷이 들렸음에 틀림없다.

음악학자 윌리엄 뉴먼William Newman은 "베토벤은 음악을 종이에 적으면서 단순히 음악을 기록한 것이 아니라 음악을 체험했다"라고 말했다. 베토벤이 쓴 자필본을 보면 '점점 크게', '점점 작게'를 음표의 기울기와 크기로 표시한 것을 볼 수 있다. 피아노 소나타 작품 번호 57(OP.57) '열정'의 첫 페이지에서 템포가 빨라질 때 음표가 달려가듯 휘날리게 그린 것도 기보가 곧 듣기였음을 암시한다.

베토벤은 후대까지 연주될 수 있는 음악을 작곡하기를 원했

* 스타카토, 악센트, 이음줄처럼 음표를 어떻게 소리내야 하는지에 대한 표시.

고, 그런 음악을 남길 수 있는 방법은 '정확한 기보'였다. 베토벤에게 기보 작업은 전체를 다시 한번 섬세하게 다듬는 과정이었다.

나폴레옹이 정권을 장악한 후 음악을 포함한 문화예술 장려 정책으로 인해 실력 있고 야망 있는 예술가들이 프랑스 파리에서 많은 기회를 가질 수 있었다. 베토벤이 프랑스로 가려는 마음을 먹은 것도 이런 이유였다. 파리에서 열린 베토벤 교향곡 1번, 2번 연주는 모두 성공적이었고, 프랑스 피아노 제작자 세바스티앵 에라르 Sébastien Érard에게 피아노를 선물 받을 정도였으니 이미 프랑스에 베토벤의 명성은 익히 알려져 있었다.

베토벤이 파리에 정착할 수 있는 명분을 만들어줄 계획된 작품이 있었다. 바로 교향곡 3번 '영웅'이다. 영웅 교향곡은 원래 계획대로라면 나폴레옹에게 헌정되어야 했다. 하지만 스스로 황제가 된 나폴레옹 보나파르트에게 베토벤은 깊은 실망과 분노를 느꼈고 자유와 평등을 중시한다던 나폴레옹에게 배신감마저 느꼈다.

나폴레옹이 왕좌에 올랐다는 소식을 듣자마자 나폴레옹의 이름이 적힌 악보를 찢어버렸다. 베토벤이 파리 음악계에 발을 들이려던 계획도 전면 수정하게 된다. 오스트리아와 프랑스의 관계가 나빠질 것이 뻔한 상태에서 빈에서 활동하며 파리 입성을 계획하는 것은 위험천만한 일이었다.

베토벤은 작곡법, 기보법, 작품 선정, 헌정 등을 모두 철저히 계획하고 사회적, 정치적 상황 등을 고려하며 앞으로의 행보를 결정했다. 영웅 교향곡을 나폴레옹에게 헌정하려고 했던 계획과 제목에 대한 입장 변화는 베토벤이 처한 상황과 그에 대한 대처방안으로 볼 수 있다.

영웅 교향곡은 결국 로프코비츠 후작에게 헌정되었다. 로프코비츠는 일찍부터 베토벤이 영웅 교향곡을 작곡하고 있다는 사실을 알았고 작품이 완성된 후 그의 궁에서 비공개 음악회를 열어주기도 한 사람이다. 훗날 나폴레옹에 대한 조그만 미련이 남았던 것인지 베토벤은 출판 당시에는 '한 사람의 영웅에 대한 추억을 기리기 위해 작곡됨'이라는 설명을 덧붙였다.

영웅 교향곡은 음악사의 향방을 바꿔 놓은 작품이다. 50여 분이나 걸리는 긴 연주 시간을 가졌을 뿐만 아니라 제목처럼 영웅적인 기세를 느낄 수 있게 금관악기가 많이 강조되었다. 2악장 장송 행진곡은 장엄했던 음악이 밝은 음으로 바뀌며 기존의 장송 행진곡이 갖고 있던 이미지를 완전히 바꾼다.

베토벤은 영웅 교향곡을 나폴레옹 보나파르트에게 헌정하고 파리 음악계에 입성하여 한 획을 그을 준비를 하고 있었다. 하지만 나폴레옹이 스스로 황제가 되자 베토벤은 영웅 교향곡이 '특정 인물이 아닌, 각자의 가슴 속에 깃든 영웅에 대한 작품'이라고 정의 내렸다.

교향곡 No.3 Op.55
'영웅'

베토벤은 나폴레옹에게 헌정할 목적으로 이 곡의 작곡을 시작했지만 스스로 황제가 된 나폴레옹 보나파르트에게 실망과 분노를 느껴 로프코비츠 후작에게 헌정. 50여 분의 긴 연주시간, 영웅적인 기세를 느낄 수 있는 많은 금관악기의 사용. 2악장 장송 행진곡의 장엄했던 음악이 밝은 음으로 바뀌며 기존 장송 행진곡의 이미지를 한순간에 바꾸는 곡.

지휘: 다니엘 바렌보임 Daniel Barenboim
연주: 서동시집 오케스트라 West-Eastern Divan Orchestra

이미 내 안에 있다

"내가 마음속으로 지니고 있는 것은 밖으로 표현되지 않으면
안 된다. 그래서 작곡하는 것이다."

예술가의 실행력과 추진력은 그들의 영감과 상상 속에서 시
작된다. 끊임없는 시도와 자기 통찰에서 드디어 자신의 것을 만들
어낼 수 있는 용기와 힘을 얻는다. 작품 완성까지 걸리는 시간의 길
고 짧음은 문제가 아니다. 어느 순간 폭발적인 힘이 날 때 그동안의
고뇌와 망설임은 완성으로 가기 위한 과정이었을 뿐이다.

40대에 들어선 베토벤은 작품 활동에 긴 침체기를 보낸다.
1813년부터 1820년까지 작곡한 곡은 7곡 정도다. 현악 4중주 1곡

(op.95), 함머 클라비어 소나타, 그 외 피아노 소나타 2곡, 첼로 소나타 2곡, 연가곡집 1곡이 전부다.

　베토벤의 건강 상태가 더 나빠진 것도 무시할 수 없었다. 동생 카를의 죽음과 그의 아들 양육권 소송분쟁 같은 골치 아픈 사건들 때문에 베토벤이 온전히 음악에만 몰두하기에 더더욱 어려움이 있었다. 그럼에도 이 시기 동안 완성된 작품은 이전 작품들보다 더 신선하고, 그동안의 작품들과 비교할 수 없는 상상의 한계를 뛰어넘은 작품들이다.

　예술가는 아이디어나 영감을 가장 빠르게 실행할 수 있는 사람 중 하나다. 떠오르는 생각과 영감만 있다면 작곡하고, 그림 그리고, 글을 완성할 수 있다. 이미 갖고 있는 예술적 능력만으로 완성품을 만들 수 있다. 경제적 가치 기준에서 얼마로 환산되느냐는 별개의 문제다. 원했던 만큼 경제적 성공으로 이어지는 건 그 다음이다. 스스로 무언가를 창조할 수 있다는 것은 이미 있는 틀이나 형식에 대한 철저한 이해는 기본이고 그것을 응용해서 새로운 것을 만들어 낼 수 있다는 얘기다.

　베토벤은 응용과 조합을 뛰어넘어 서양음악사에서 가장 규모가 큰 소나타라고 해도 반박할 수 없을만한 작품을 완성한다. 바로 피아노 소나타 '함머 클라비어Hammer Liavier'다. 이전에도 이후에도 이와 같은 대규모 소나타는 작곡되지 않았다. 약 50분의 연주 시간을 봐도 알 수 있듯이 규모적인 것뿐 아니라 연주 면에서도 작곡 기법 면에서도 한계를 넘어선 곡이다. 베토벤도 작곡 당시 적어도 50년은 지나야 함머 클라비어 소나타를 제대로 연주할 수 있는 피아니스트가 나올 거라고 말할 정도였다.

실제로 최고의 피아니스트들도 연주하기에 만만치 않은 곡이다. 전통적인 소나타 형식을 벗어나 구조적으로도 복잡하지만 테크닉적으로도 상당한 난이도가 요구된다. 소나타 형식을 충실히 따르거나 응용, 확장을 하면서 변형을 주는 단계에서 벗어나 함머 클라비어는 소나타의 신세계와도 같은 작품이다.

'함머 클라비어'는 독일어로 망치를 뜻하는 함머Hammer, 건반을 뜻하는 클라비어Klavier로 이뤄진 제목이다. 작은 망치가 현을 두드리는 건반 악기, '피아노'를 가리키는 말로 베토벤은 음악에서 통용되던 이탈리아어 '포르테피아노Fortepiano' 대신 특별히 독일어 '함머 클라비어Hammer Klavier'로 표기했다. 당시 피아노 제작자가 가장 많았던 도시가 바로 베토벤이 있었던 빈이었다.

베토벤이 빈에서 활동하던 시기와 피아노라는 악기의 발전 시기는 매우 비슷하다. 피아노의 프레임이 아직 나무이긴 했지만 훨씬 더 견고해졌고 강한 타격도 견딜 수 있는 액션 메커니즘*을 가진 피아노가 개발되고 있었다.

베토벤은 뛰어난 피아니스트로서 끊임없이 악기의 한계를

---

* 건반을 누르는 연주자의 터치를 현을 때리는 해머로 전달하는 복잡한 기계 장치를 의미한다.

실험했다. 새로운 형식뿐 아니라 연주하기에도 도전적인 곡을 써가며 풍부한 음색과 견고하고 강한 피아노 제작 발전에 도움을 준 작곡가였다. 피아노가 가진 견고성과 성능을 추월해서 악기가 소화하지 못하는 곡을 쓴 게 아니다. 점점 새로운 기능과 성능이 우수해지는 피아노에 맞추어 베토벤의 피아노곡도 새로운 테크닉과 기법을 사용했다. 베토벤의 피아노 곡과 피아노 악기 발전 속도의 그래프를 그리자면 상부상조하는 우상향의 부드러운 곡선을 그릴 수 있지 않을까.

베토벤의 명성이 높아지면서 다양한 악기 제조사에서 베토벤의 집으로 피아노를 보내기 시작했다. 피아노 제작사 슈트라이허에서 발터, 라이하에서 에라르로 피아노를 바꿔가면서 그들 사이에 경쟁을 붙였다. 유명한 음악가가 쓰는 악기라는 마케팅 전략은 그 시절에도 통했다. 베토벤은 악기 제작자들에게 적극적으로 피아노 악기의 성능에 관해 구체적 요구를 하진 않았다. 단 한가지 요구한 적이 있다면 악기 제작자, 슈트라이허에게 나빠진 청력에 맞춰 '큰 소리'나는 악기를 제작해달라는 거였다.

베토벤이 악기의 '기술적' 발전에 실질적으로 얼만큼 기여했는지는 정확히 알 수 없다. 하지만 유명하다는 악기들은 그의 손을 거쳐갔고, 베토벤도 각 악기들의 특성을 최대한 활용하면서 이전과 다른 피아노곡을 계속해서 써나갈 수 있었다.

　그가 쓴 피아노 소나타 32곡은 그의 소나타와 음악 전반의 변화를 볼 수 있을 뿐 아니라 피아노의 변천을 볼 수 있는 중요한 자료다. 베토벤은 "이전까지의 음악은 마음에 들지 않았다. 이제부터 새로운 시도를 할 것이다"라고 말하며 끊임없이 도전했고 이전까지도 이후에도 경험해보지 못한 함머 클라비어 소나타가 탄생했다.

피아노 소나타 No.29 Op.106 '함머클라비어'

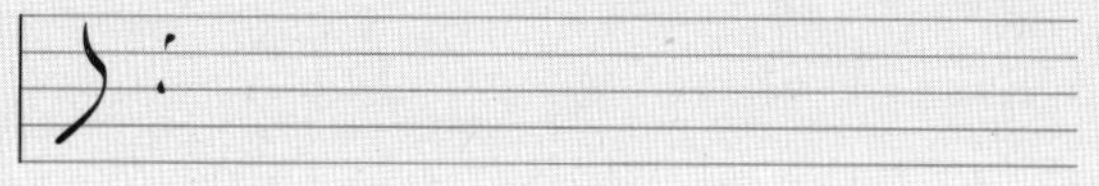

베토벤이 1816년 런던의 브로드우드사로부터 해머가 있는 건반악기, 함머클라비어를 선물받은 후 음량, 울림이 커진 악기 성능에 맞춰 피아노 소나타 28번, 29번을 구상했으며 '함머클라비어'라는 제목을 붙였다. 현재는 29번만 함머클라비어라는 별칭을 붙이고 있다.

피아노: 블라디미르 아쉬케나지 Vladimir Ashkenazy

트렌드를 쫓기보다 앞서기

"자유와 진보는 예술에 있어서도 궁극적인 목표이다."

베토벤은 공화주의자였다. 베토벤은 전제 군주제에 대해 반대 입장을 갖고 있었지만 아이러니하게도 당대에 귀족의 후원을 가장 많이 받은 작곡가 중 한 사람이다. 그럼에도 그는 늘 당당했다. 스스로 고귀한 존재임을 자부했으며 그가 가진 음악적 재능은 가만히 있어도 호의호식하는 귀족과는 비교될 수 없다는 자부심도 대단했다.

베토벤은 오늘날 개인의 삶에서 강조되는 자존감 높은 사람의 확실한 예를 보여준다. 자유, 평등, 박애라는 이상적인 사회를 꿈

꾸었던 그는 나폴레옹의 이상과 자신의 신념을 동일시했고 이런 이념은 음악 작품에도 나타났다. 귀족에 고용되어 고용주와 고용인의 관계로 작곡, 연주, 악기관리, 연주자관리 등에 전념했던 베토벤 이전의 대부분의 음악가들은 정치는 관심 밖의 일이었다. 하지만 베토벤은 달랐다.

베토벤은 일찍부터 프리랜서로서의 삶을 살았을 뿐 아니라 스스로 '예술가'임을 자처했다. 베토벤의 메모와 편지에서 '예술'이라는 단어는 어렵지 않게 볼 수 있다. 그는 뛰어난 아티스트이자 크리에이터였다. 모차르트를 포함한 베토벤 이전 작곡가들은 음악을 통해 능숙한 기술을 보여주는 데 초점을 두었다면 베토벤은 그의 삶에 대한 철학과 사상이 곧 음악과 결부되는 예술가적 삶을 보여줬다.

베토벤은 어릴 때부터 형식에 얽매이지 않는 즉흥연주를 좋아했다. 베토벤이 즉흥연주를 하면 클래식 피아노 연습만 하기를 바랐던 그의 아버지는 화를 냈다. 하지만 베토벤의 뛰어난 즉흥연주 실력은 후에 오스트리아 빈으로 이주해서 음악가로서 첫 발을 내딛을 때 피아니스트로서의 명성을 얻는 데 큰 역할을 했다.

이 정도면 어른의 기준에서 마음에 들지 않거나 본인의 생각과는 전혀 다른 행동을 하는 아이들에게 부모의 기준에만 맞추어 따라야 한다는 훈육은 현명한 부모의 모습이라고 말하기 어렵다.

부모의 반대에도 아이가 특정 행동을 할 때는 주의 깊게 기다려주고 살펴볼 필요가 있다. 어린 베토벤이 아버지의 야단을 맞으면서도 즉흥 연주를 포기하지 않았던 이유는 그가 원하는대로 표현하며 느낄 수 있었던 자유로움 때문이지 않았을까. 아버지의 지나친 간섭이나 맏아들로서 가지고 있었던 무거운 책임을 놓고 피아노와 하나 되는 순간이었을 것이다.

결국엔 베토벤의 커리어에 큰 획을 긋는 계기가 즉흥연주 실력이었으니 아버지의 말을 듣고 당장 그만두었더라면 빈에서 명성을 얻는 시점이 좀 더 늦어졌을 수도 있고 베토벤이 빈 사회에 알려질 기회가 쉽게 오지 않았을지도 모르는 일이다.

하고 싶고 좋아하고 게다가 잘하기까지 한다면 지금 눈에 보이는 성과는 없지만 빛을 발하게 되는 순간이 온다. 만족스러울 만큼 대단한 기회나 결과가 오지 않더라도 그 일을 하지 않았던 나보다 해 왔던 나는 이미 전문가다.

즉흥연주는 베토벤에게 자유로움의 표현을 극대화할 수 있는 수단이었다. 틀에 얽매이지 않고 새로운 음악적 시도를 해 볼 수도 있고, 다양한 시도를 하다 보면 작곡 아이디어나 영감도 얻을 수 있었다. 베토벤의 즉흥연주는 진정한 자유를 누릴 줄 아는 사람에게서 진정한 능력이 나온다는 것을 증명한다.

협주곡concerto에서 독주자가 오케스트라없이 혼자서 즉흥으로 연주하는 부분을 '카덴차Cadenza'라 부른다. 원래 카덴차는 성악가가 아리아의 마지막 부분을 '즉흥적'으로 부르면서 시작되었다. 모차르트와 하이든, 베토벤이 활동하던 시대에는 협주곡에서 악장이 끝나갈 무렵 연주자의 즉흥연주로 곡의 집중도를 높였다. 즉흥 연주가 가능했던 이유는 작곡가가 곧 연주자였기 때문이다. 카덴차를 연주할 때마다 즉흥적으로 조금씩 변화를 주는 건 당연했다. 요즘은 대부분 모차르트와 베토벤이 직접 작곡해 놓은 카덴차를 연주한다. 가끔 연주자가 미리 작곡한 카덴차를 연주하기도 한다.

베토벤은 카덴차의 '즉흥성'을 의도적으로 없애고 작곡하기 시작했다. 베토벤 피아노 협주곡 5번 '황제'의 카덴차는 심지어 곡의 맨 처음부터 시작된다. 연주자의 재량에 맡겼던 카덴차를 베토벤이 작곡함으로써 주제를 확장하고 화성적으로도 과감한 반전을 보이며 드라마틱한 전개를 하면서 연주자는 음악적, 기술적 재량을 더 많이 보여줄 수 있게 되었다.

베토벤은 자신의 작품뿐 아니라 다른 작곡가의 카덴차도 작곡했다. 모차르트 피아노 협주곡 20번의 카덴차는 베토벤이 장조였던 주제를 단조로도 표현했다.

베토벤 피아노 협주곡 '황제'는 초연 후 「무지칼리셰 차이퉁 Allgemeine Musikalische Zeitung」에서 "의심할 여지없이 가장 독창적이고 상상력 넘치며 효과적인 동시에 현존하는 협주곡 가운데 가장 어려운 곡 중 하나"라고 평했다.

피아노 협주곡 5번은 처음부터 에너지가 넘치고 청중을 압도하는 피아노의 긴 아르페지오 형태의 화려한 음형으로 시작한다. 피아노의 음역을 넓게 쓰면서 뛰어난 테크닉과 화려한 음색을 잘 표현한 작품이다. 고요하고 기도하는 듯한 2악장은 꼭 들어보길 추천한다.

피아노 협주곡 No.5 Op.73 '황제'

황제 협주곡 초연 후 일반음악신문Allgemeine Musikalische Zeitung은 '의심할 여지없이 가장 독창적이고 상상력 넘치며 효과적인 동시에 현존하는 협주곡 가운데 가장 어려운 곡 중 하나'라는 평을 남김.

지휘: 레너드 번스타인 Leonard Bernstein
피아노: 크리스티안 짐머만 Krystian Zimerman

이왕이면 긍정을 선택한다

“올바르고 떳떳하게 행동하는 사람은 오직 그러한 사실만으로도 능히 불행을 견디어 나갈 수 있다는 것을 나는 증명하고 싶다.”

누구든지 고통스러울 때 그 아픔에 더 깊이 빠지고 싶은 사람은 없다. 누구나 편안한 일상으로 되돌아오길 원하며 어떻게든 기쁨을 찾아보려 애쓰기도 하고 과거의 행복했던 기억들을 불러오기도 한다. 행복했던 기억은 사라지지 않고 때로는 더 크게 부풀려져 고통의 치유제로 쓰일 때도 있다.

베토벤은 가장 힘든 시기에 교향곡 2번을 작곡했다. 그의 청각장애가 더 이상 나을 수 없을지도 모른다는 불안감이 최고조일 때 완성되었다. 당시 베토벤은 태어난 고향 독일 본에 대한 회상을 자주 했다.

> "나의 옛 고향, 내가 이 세상의 빛을 처음 본 아름다운 고장, 그것은 내가 그곳을 떠날 때와 똑같이 늘 나의 눈앞에 아름답고 뚜렷하게 보인다."

빈으로 이주한 후 결국 본으로 다시 돌아가진 못했지만 고향에 대한 생각은 늘 그리움으로 남았다.

아버지의 혹독한 음악교육을 받았고 가난하기까지 했던 베토벤의 어린 시절에도 불구하고 고향은 늘 아련하게 돌아가고 싶은 곳이었다. 그에게는 "참으로 좋은 어머니, 가장 좋은 벗이었던 어머니"가 있었던 곳이었다. 의지할 수 있었던 어머니가 곁에 있었던 과거의 시간을 떠올리면 자신이 떠안고 있는 고통을 잠시 잊을 수 있고 위로 받을 수 있었다.

> "나의 불행은 사람들이 오해할 수밖에 없게끔 되어 있기 때문에 나에게 더 크나큰 고통일 수밖에 없다. 왜냐하면 난 사람들과 함께 있을 때 편안할 수가 없고 세련된 대화도 상호

간의 교류도 이루어질 수 없기 때문이다. 난 버려진 사람처럼 거의 혼자 살아야 한다."

교향곡 2번이 쓰여진 시기에 남긴 하일리겐슈타트 유서 일부다. 그가 어쩔 수 없이 평생동안 안고 가야 할 고통을 적나라하게 표현했다.

베토벤 스스로 사람들과 대화하는 것을 좋아한다고 얘기했지만 청력 문제로 소통이 원활하게 이루어지지 못하니 사교 모임도 나갈 수 없었고 점점 홀로 고립되어갔다. 베토벤은 해가 지날수록 더욱 내성적으로 변해 갈 수밖에 없었다. 음악 창작은 고립되고 답답한 스스로와의 소통 창구였다.

누군가와 대화를 나눈다고 해서 항상 진심 어린 소통이 되는 건 아니다.

예술가들은 창작물을 통해 진짜 하고 싶은 말을 전하고 창작 과정에서 스스로 깊은 대화를 나눈다.

음악은 훌륭한 소통의 친구다. 250년이 지난 오늘도 베토벤이 우리와 살아 숨쉬며 이야기하고 있지 않은가.

베토벤은 20대에 오스트리아 빈으로 이주해서 커리어를 한창 쌓아갈 때 청력을 잃기 시작했고, 만성적인 두통, 복통에 우울증까지 겪고 있었다. 여기저기 아픈 몸을 돌보기도 힘들었을 텐데 당대 최고의 작곡가가 될 수 있었던 건 베토벤 자신을 지켜준 음악이 있었기 때문이다.

베토벤은 자신을 위해 작곡을 한 최초의 근대적 예술가라고 할 수 있다. 과거의 작곡가들은 귀족과 후원자의 취향과 문화적 관습에 벗어나지 않게 곡을 쓴 반면 베토벤은 자기 자신, 온전히 자신의 내면을 위해 곡을 썼다. 베토벤 이전 시대의 음악가들은 궁정이나 교회의 행사와 의식을 위해 특정 날짜에 정확히 맞춰 작곡해야 했다. 하지만 베토벤은 그들과는 전혀 다른 창작 생활을 했다.

베토벤이 귀가 들리지 않아 삶을 포기하고 싶은 심정의 나날을 보낼 때였지만 교향곡 2번은 빠른 악장의 밝은 에너지와 느린 악장의 평온함을 가진 곡이다. 그의 고통은 음악 어디에서도 느끼기 어렵다. 교향곡 2번은 익살스럽고 유머러스하면서 발랄한 '스케르초*' 악장을 처음으로 도입한 교향곡이다.

베토벤이 이렇게 힘든 시기에 해학적인 스케르초를 도입했다는 건 힘들고 지친 그의 상황을 유머와 경쾌함으로 치유하고 싶은 심정을 표현했다고 볼 수 있다. 스스로를 치유하고 고통과 불행을 견딜 수 있는 자신과의 대화가 바로 작곡이었다. 어떤 이는 행복했던 추억을 되살려 고통을 이겨내듯이. 유난히 길고 느린 2악장도 침체가 아닌 전진의 느낌이 강하며 마지막 악장도 힘이 있고 경쾌하다.

* 하이든의 교향곡에서 스케르초의 성격을 가진 악장이 있었긴 하지만 '미뉴에트'라 표기했다

교향곡 No.2 Op.36

심각한 난청 증세와 정신적 고통을 겪으며 하일리겐슈타트 유서를 쓴 직후에 완성한 작품. 가장 힘들었던 시기임에도, 유머러스하면서 발랄한 '스케르초' 악장을 처음 도입한 교향곡.

지휘: 헤르베르트 폰 카라얀 Hebert von Karajan
연주: 베를린 필하모닉 오케스트라 Berliner Philharmoniker

나만의 규칙을 세운다

"국가가 헌법을 갖지 않으면 안 되듯 개개인도 자신의 규범을 갖지 않으면 안 된다."

베토벤이 가졌던 음악에 대한 자신만의 '고집'은 그만의 독특하고 독창적인 음악적 특색이 되었다. 베토벤만의 특별함은 어디서부터 시작된 걸까? '베토벤'이라는 이름 하나만으로도 많은 이들이 그를 인정하는 순간이 오기까지 베토벤에게 영향을 끼친 사람은 누가 있을까? 그 영향은 베토벤만의 음악 세계를 만드는 데 어떤 역할을 했을까?

누구에게나 인생의 멘토나 스승이 존재한다. 실존하는 인물

일수도 있고, 책이나 언론을 통해 접하거나 자주 소통한 사람일 수도 있다. 훌륭한 사람의 삶의 궤적을 따라서 그가 살아왔던 방법을 분석하고 모방하기도 하면서 본인에게 적용할 수 있는 방법을 찾아가기도 한다.

베토벤이 음악가의 집안에서 태어나긴 했지만 어릴 때부터 '체계적인' 음악 교육을 받지는 못했다. 궁정의 성악가로 활동했던 아버지의 친구에게 피아노를, 뮌스터 대성당의 성직자에게 오르간을, 어머니의 사촌에게 바이올린을 배우는 식이었다. 베토벤의 아버지는 베토벤을 모차르트 같은 '신동'으로 만들기에 혈안이 되어 있었는데, 그 열망에 비해 지인과 가족 위주의 교습자들을 선택한 것은 의외다. 궁정의 테너였던 그가 소위 잘 가르치고 잘 나가던 음악 선생들을 몰랐을 리는 없을 테니까.

당장은 최선의 선택이 아닌 것 같지만 돌이켜보면 그렇게 하길 오히려 잘 했다는 오묘한 '인생의 법칙' 같은 게 적용될 때가 있다. 그가 틀에 갇히지 않는 독창성과 뛰어난 상상력을 가질 수 있었던 건 일찍부터 체계적인 음악 교육에 얽매여 배우지 않았기 때문일지도 모를 일이다.

베토벤이 11살이 되면서 '진정한 스승'인 본 궁정의 오르가니스트 네페Christian Gottlob Neefe를 만난다. 네페도 독학으로 음악을 배운 터라 사실상 베토벤의 작곡 기법에 얼마나 큰 영향을 끼쳤는지는 알 수 없다. 하지만 적어도 베토벤에게 음악가로서의 기회를 열어준 고마운 스승임에는 틀림없다. 그는 베토벤에게 바흐의 '평균율 클라비어 곡집'을 소개했고 베토벤이 '제 2의 모차르트'가 될 수 있을 거라고 확신했다.

베토벤이 12살 되던 해에 네페의 도움으로 궁정의 보조 쳄발로 연주자로 취직한다. 쳄발로는 피아노가 생기기 이전의 건반 악기로 쳄발로 연주자는 지휘자 역할을 겸할 정도로 비중이 꽤 큰 자리였다. 쳄발로 연주자는 저음 성부 선율을 즉흥적으로 화음을 채워가며 소리를 풍성하게 만들어야 했기 때문에 즉흥 연주를 잘 해야 했고 화성에 대한 감각도 뛰어나야 했다.

베토벤에게는 값진 경험을 할 수 있는 기회였다. 이론에 아무리 뛰어나다 하더라도 실전 경험이 있는 사람을 앞서가긴 어렵다. 현장에서 직접 쌓은 지식과 경험이 능력치로 발휘될 때 고유하고 온전한 자신의 진짜 능력이 나온다.

베토벤은 뛰어난 피아니스트였을 뿐 아니라 오르가니스트기도 했다. 그는 음과 음 사이를 부드럽게 연주하는 '레가토' 주법을 많이 사용했다. 그의 레가토 주법은 오르간을 연주하며 받은 영향이 컸다. 파이프 속으로 들어가는 공기의 울림으로 연주되는 오르간은 건반에서 손을 뗄 때까지 소리가 지속되기 때문에 음 사이가 끊어지지 않고 연속적인 소리가 난다.

당시 피아노 연주법은 모차르트의 음악처럼 레가토보다는 음과 음 사이를 끊으며 짧고 경쾌하게 연주하는 '논 레가토' 주법을 주로 사용하였다. 쳄발로와 피아노 초창기 모델인 포르테피아노가 공존하던 시대였기 때문이다. 플랙트럼이라는 작은 돌기가 현을 퉁기는 방식의 악기인 쳄발로의 구조상 레가토로 연주하는 것은 사실상 어려운 일이다. 해머로 현을 때리는 피아노도 페달의 도움을 받아야 음의 지속력을 높일 수 있다. 오르간에서 구현되었던 웅장함과 소리의 연속성은 베토벤의 피아노 연주법에도 많은 영향을 끼쳤음에 틀림없다.

모차르트와 베토벤 두 사람의 연주 방식이 확연히 달랐던 이유는 우선 악기가 달랐던 점을 무시할 수 없다. 그들이 실제로 만났다면 모차르트는 새로운 연주법을 선보이는 베토벤을 어떻게 생각했을까? 학자들 사이에서는 아직도 두 사람이 만났다, 만나지 않았다 하는 공방이 치열히 진행 중이다.

베토벤의 연주는 리스트 같은 비르투오소*의 탄생에 영향을 끼쳤다. 선율을 부드럽게 연주하는가 하면 때론 웅장하고 다이내믹하게 연주했던 베토벤은 이 후 청중을 들었다 놨다 하는 마치 '클래식계의 아이돌' 같은 존재의 탄생을 예고했다.

베토벤은 작곡법과 연주법에 자신만의 색깔과 규칙을 만들어 나가기 시작했다. 베토벤이 빈으로 떠난 가장 큰 이유 중 하나가

* 현란한 테크닉으로 청중을 사로잡는 피아니스트, 바이올리니스트 등 연주자를 칭하는 용어

하이든을 만나 작곡을 배우기 위함이었다. 모차르트가 세상을 떠난 후 하이든은 당대 최고의 추앙받는 작곡가였다. 하이든은 현악4중주와 교향곡의 원칙을 완성하였고 그의 음악은 시민계급의 취향에도 잘 맞아서 런던과 파리에서도 인기가 좋았다.

하이든은 청년 베토벤의 작품을 꼼꼼하게 봐주진 않았지만 그에게 런던행에 동행하자고 제안할 정도였으니 베토벤을 제자로 생각하는 마음은 꽤 컸던 것 같다. 베토벤은 빈의 귀족들이 이미 잘 알고 있는 바흐의 곡을 뛰어나게 연주한 피아니스트였을 뿐 아니라 기초교본에 나오는 대위법 문제를 모두 풀어버릴 만큼 열심히 하는 제자였다. 어떤 스승이 뛰어난 재능에 노력까지 겸비한 제자를 좋아하지 않을 수 있겠는가.

하지만 베토벤은 이미 국민 작곡가였던 하이든이 런던으로 가서 더 오래 머물길 원했을지도 모른다. 베토벤의 입장에서는 좀 더 꼼꼼히 시간을 할애해서 지도해주지 않는 하이든에 대해 불만을 가졌을 가능성도 보인다. 하이든이 수정해준 베토벤이 푼 대위법 문제가 이를 뒷받침할 자료로 충분하다. 250여 개나 되는 많은 문제 중 하이든은 몇 개 정도만 지적해 놓았고, 심지어 잘못 수정한 부분도 발견된다.

베토벤이 직접적으로 하이든에게 그만 배우고 싶다고 뜻을 밝히기엔 당시 온 유럽과 영국을 떠들썩하게 했던 하이든의 입지와 입김을 무시할 순 없었을 것이다. 베토벤은 하이든을 따라 영국에 동행하지 않았고 하이든은 런던으로 떠나기 전 동료이자 친구인 요한 게오르크 알브레히츠베르거Johann Georg Albrechtsberger를 베토벤에게 소개한다.

알브레히츠베르거는 평생 교회의 오르가니스트로 활동했고, 동시대 음악보다 '옛'음악의 작곡 기법에 정통하는 음악가였다. 그를 통해 베토벤은 대위법을 자세히 배울 수 있었다. 한 가지 의미심장하게 다가오는 건 알브레히츠베르거는 베토벤을 "흥분 상태에 빠진 음악의 자유 영혼"이라 불렀다는 점이다. 자신의 감정을 음악으로 강렬하게 표현하고 싶었던 베토벤의 독보적인 입지를 잘 표현한 말이다.

음악을 배울 때 스승과 제자의 관계는 1 대 1인 경우가 많다. 스승은 음악적 능력뿐 아니라 제자의 내재되어 있는 재능과 기질을 누구보다도 잘 알게 된다. 베토벤은 스승뿐 아니라 후원자나 대중의 기대에도 타협하지 않고 오직 자신이 진정으로 표현하고자 하는 것을 추구하였다. 그는 스승이 가르쳐 주는 음악적 공식과 규칙을 바탕으로 본인의 음악적 세계를 구축해 간 음악가다.

베토벤의 피아노 소나타 중 '발트슈타인'은 하이든과 모차르트의 영향에서 벗어나 악기의 장점을 한껏 살린 소나타다. 프랑스 에라르 피아노를 기증 받은 후 작곡한 이 소나타는 화려한 연주 기교가 돋보이는 작품이다. 베토벤이 빈으로 이주할 당시 그가 빈에서 정착하는 데 절대적인 도움을 준 발트슈타인 백작에게 헌정한 곡이다.

베토벤 전기 작가 빌헬름 폰 렌츠Wilhelm von Lenz는 이 곡을 "피아노를 위한 영웅 교향곡"이라 부를 만큼 역동적이고 풍부한 음색이 나는 곡이라고 평했다. 에라르 피아노의 발 페달과 이전 비엔나식 포르테피아노의 무릎 페달 차이는 발트슈타인 소나타에 풍부한 페달 표시 이유를 설명한다.

이전의 무릎 페달은 지속력이 짧아 악보에 페달 지시를 굳이 표기하지 않았지만 에라르 피아노의 발 페달은 음 지속과 음색을 섬세하게 만들 수 있게 했다.

베토벤은 발트슈타인에서 페달을 언제 밟고 떼어야하는지 섬세하게 표기하며 음향을 극대화했다.

피아노 소나타 No.21 Op.53
'발트슈타인'

"모차르트의 정신은 베토벤의 손을 통해 하늘로부터 빛을 받을 것이며, 끊임없는 노력으로 당신은 하이든의 가르침 속에서 모차르트의 정신을 온전히 깨우치게 될 것입니다."

발트슈타인 백작이 빈으로 떠나는 베토벤에게 남긴 글이다. 백작이 남긴 글은 베토벤이 빈에서 정착할 때 큰 도움이 되었고 발트슈타인 소나타를 그에게 헌정했다.

 피아노: 김수연 Su Yeon Kim

고독이 자유를 준다

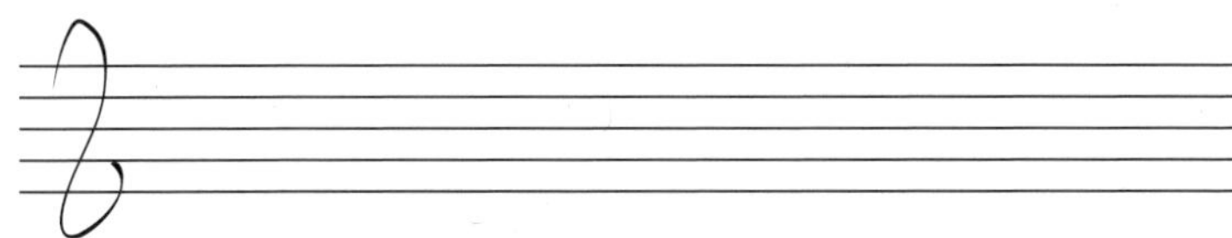

"규칙을 배워라, 그래야 그것을 적절히 깰 수 있다."

베토벤의 초기 빈 정착에 도움을 준 사람은 독일 본에 있는 발트슈타인 백작과 쾰른 선제후*였다. 그들의 서명이 적힌 추천장은 가장 중요한 숙식문제를 해결할 수 있게 했다. 하지만 숙식뿐 아니라 피아노도 빌려야 했고 장작과 커피도 사야 했으며 춤 선생도 구해야 했다. 실제 베토벤이 빈에 도착하면서 필요한 목록에 나열한 품목들이다.

'검은색 실크 스타킹'도 리스트에 있는 품목 중 하나였다. 당시 남성의 패션은 무릎까지 오는 바지에 스타킹을 신는 게 일반적

* 신성 로마 제국 황제를 선출하는 선거권을 가진 제후

이었다고 하지만 실크 스타킹은 아주 특별한 경우나 상류층이 주로 신었다. 음악가로서 베토벤은 공식적인 행사나 귀족들의 음악 살롱에 차려 입고 가야 할 상황에 대한 적극적인 마음의 준비를 한 걸로 보인다.

춤 선생을 구하는 것 또한 베토벤이 빈에서의 성공적인 생활을 위해서는 꼭 필요한 일이라고 생각했을 것이다. 사교춤은 상류층에서 서로의 인맥을 맺기에 좋은 수단이었고 춤을 출 기회도 자주 있었다. 음악가를 후원하는 사람들은 상류층이었고, 그들과 교류하기 위해서는 어느 정도의 춤은 출 수 있어야 했다.

당시는 춤 실력이 사회적 지위와 개인의 교양을 나타내는 잣대가 되기도 했기 때문에 빈에서 프리랜서 음악가로서 잘 살아가기 위해서라도 베토벤은 춤을 배우는 것에 진심이었을 가능성이 크다. 또한 사교댄스 파티에서는 여성들을 만날 수 있는 좋은 기회이기도 했다. 춤은 결혼 적령기의 여성들이 남편이 될 상대를 구하기 위해 배워야 할 필수과목 같은 것이기도 했다.

베토벤은 사교 모임에서 빈 상류층의 매너와 태도를 엿보고 배울 수 있었다. 더 많은 사람과 친분을 쌓고 더 많은 사람들과 연결되면서 베토벤이라는 음악가가 음악의 중심지였던 빈 사회에서 명성을 얻는 건 시간문제이지 않았을까.

넷플릭스 시리즈 중 19세기 초 영국을 배경으로 하는 드라마

〈브리저튼Bridgerton〉을 보면 결혼 적령기가 된 여성들이 화려하게 차려입고 사교춤을 추는 장면이 나온다. 처음 보는 남성들과도 자연스럽게 춤을 추며 대화하고 서로를 탐색하는 시간이다.

드라마의 배경은 영국이지만 빈에서 베토벤이 활동했던 같은 시대를 다루고 있어서 당시 사교춤의 역할과 상류층 문화를 생생하게 엿볼 수 있다.

베토벤이 피아노 레슨을 한 대부분의 사람도 상류층 여성이었다. 빈에서 프리랜서로 살아가기 위해서는 피아노 레슨은 현실이었다. 베토벤은 아버지가 세상을 떠난 후 아버지가 받을 잔여 연금의 절반을 지급받게 되었고 이것은 그나마 베토벤이 처음 빈에 도착해서 정착할 때 보탬이 될 수 있었다.

사교 모임에 진심이었던 베토벤은 그의 고향 친구 베겔러에게 쓴 편지에서 더 이상 사교 모임을 나갈 수 없게 되었다고 한탄한다. 빈에 정착한 지 10년이 채 되지 않았을 때인데 이미 그는 최상류층의 후원을 받고 있었다. 베토벤은 음악에 대한 진정성을 가지고 작곡과 연주 활동에 진심이었던 루돌프 대공의 음악 스승으로서의 역할도 했다.

고위 성직자이자 합스부르크 가문의 귀족이었던 루돌프 대공은 예술가들을 넉넉히 후원해 준 사람으로 특히 베토벤의 열렬한 후원자로 유명하다. 베토벤은 이미 귀족들뿐 아니라 대중들에게도 알려져 있었고, 더 이상 사교 모임에 나가서 후원자를 소개받으며 인맥을 넓혀가야 했던 본에서 온 20대의 시골 청년이 아니었다.

베토벤이 음악가로 정평이 난 후로는 전쟁이 나도, 곡을 많이 쓰지 못해도, 작품 초연에 혹평을 받아도 베토벤을 후원하고 지지하는 팬들이 항상 끊이지 않았다. 그를 후원하는 빈의 최상류층은 베토벤의 음악에 대한 희귀성과 독특함에 대한 가치 입증에 꽤 중요한 역할을 했다고 볼 수 있다.

아무리 그의 작품이 뛰어나다 하더라도 괴팍하다고 소문난 베토벤이 후원자들과 오랫동안 관계를 유지할 수 있었던 비결이 궁금하지 않을 수 없다. "귀족은 많아도 베토벤 자신은 단 한 명뿐"이라는 말을 남긴 그는 신분을 초월한 예술가로서 자신의 가치를 당당히 드러냈다.

청력 상실이 심해질수록 베토벤에게는 혼자 있는 시간이 점점 더 자연스럽고 편안했다. 남들과 함께 있을 때는 조정하고 타협하며 애쓸 일도 혼자 있을 때는 있는 그대로의 자신을 허락할 수 있다. 이런 시간의 소중함을 알게 되면서 고독은 자신에게 찾아온 가장 큰 선물임을 깨달았다.

홀로 있는 시간은 온전히 자유롭다. 자신을 끊임없이 탐구하고 잘 알아갈수록 더욱 더 자유로워진다. 쇼펜하우어Arthur Schopenhauer는 "인간은 혼자 있을 때만 온전히 자기 자신이 될 수 있다. 그러므로 고독을 사랑하지 않는 자는 자유도 사랑하지 않는 자다. 왜냐하면 혼자 있을 때 비로소 진정으로 자유로워지기 때문이다"라고 말했다.

베토벤도 같은 마음이었을 것이다. 그의 음악이 이를 보여준다. 후기로 갈수록 형식과 규칙에서 벗어나 점점 더 자유로워지는 음악을 만날 수 있다. 그는 자신만의 음악언어로 창조할 수 있는 자유를 표현했다. 그렇다. 베토벤은 고독했기 때문에 자유로울 수 있었다.

현악 4중주 작품 번호 133(Op.133) '대푸가Große Fuge'는 베토벤의 마지막 현악 4중주 5곡 중 하나다. 푸가란 선율을 한 성부에서 연주하면 다른 성부에서 모방해서 연주하는 대위법 양식에 의해 진행되는 곡을 말한다. 대표적인 작곡가가 바흐다. 베토벤은 어릴 적 바흐의 대위법을 공부했으며 바흐의 작품도 즐겨 연주했다.

처음 '대푸가'를 들었을 때 베토벤 시대의 작품이라고 하기엔 너무나 '현대적'인 음악이라는 생각이 들었다. 4대의 현악기가 기싸움을 하듯 주고받는 선율은 잠깐의 쉴 틈도 느낄 수 없다. 처음부터 긴박하고 긴장된 시작에 한 번 놀라고 서로의 긴장 속에서도 각자의 선율은 절대 침범하지 않는 존중된 음들의 초청에 두 번 놀란다.

20세기 작곡가이자 지휘자 스트라빈스키Igor Fëdorovich

Stravinsky는 이 현악 4중주를 "절대적으로 현대적인 음악 작품이고 영원히 현대적인 곡"이라며 "어떤 것보다 이 푸가를 사랑한다"라고 얘기했다. 신고전주의의 대표적 작곡가로 알려진 스트라빈스키도 새로운 음악 언어를 자신의 음악에 접목시키기 위해 현대 음악의 다양한 사조를 끊임없이 실험했던 작곡가다.

베토벤의 '대푸가'는 원래 현악 4중주 13번 작품 번호 130(Op.130)의 마지막 악장으로 작곡되었지만 너무 복잡하고 길어서 독립적인 악곡으로 출판되었다.

이 곡은 베토벤이 세상을 떠난 지 15년 후에야 독자적인 곡으로 연주되었고 이후에도 그리 많이 연주되는 곡은 아니었다. 배토벤의 자필 악보 표지에 "때로는 자유분방하게, 때로는 엄격하게"라고 표현해 놓은 것처럼 제목 '대푸가'와 다르게 엄격한 푸가 형식만 따르고 있지는 않다.

현악 4중주 Op.133
'대푸가'

원래는 현악 4중주 13번 작품 번호 130(Op.130)의 마지막 악장으로 작곡되었지만 연주하기 너무 어렵다는 출판사의 요청에 따라 피날레를 새로 썼고 기존에 썼던 곡은 '대푸가'로 따로 출판되었다. 이고르 스트라빈스키는 "절대적으로 현대적인 곡"이라고 평할 만큼 그 당시의 곡 같지 않은 모던한 사운드를 낸다.

연주: 줄리아드 스트링 콰르텟Juilliard String Quartet

기록하는 습관을 갖자
가계부를 쓴 베토벤

"훌륭하고 고결한 행동을 하는 사람은 누구든지 단 한 가지
만으로도 불행을 견뎌낼 수 있다."

청각장애라는 큰 시련에도 불구하고 베토벤에게 있어 역경
을 극복할 수 있었던 가장 큰 힘은 음악을 창조하는 일이었다. 베토
벤에게 음악 창작은 불행을 견디고 마침내 극복할 수 있는 가장 "고
결한 행동"이었다. 음악에 대한 열정이 불행 속에서 허우적거리고
인생을 포기하려던 그를 살려낸 것이다.

독립된 예술가로서 잘 살아가기 위해서는 예술 작품이 '창
조'에만 그치지 않고 많은 사람들이 그 작품을 들어보고 싶고, 갖고

싶고, 사고 싶어야 한다. 청중이 작품을 좋아하고 창작자를 동경하는 순간부터 예술가에게 드디어 작품 활동에만 온전히 집중할 수 있는 환경이 만들어진다.

베토벤은 오스트리아 빈으로 이주하자마자 사람들의 관심과 사랑을 많이 받았고 명성도 얻었다. 베토벤은 자신의 작품에 스스로 상업적 가치를 매길 수 있는 음악가였고, 출판사는 더 이상 베토벤의 요구에 흥정하지 않았다. 베토벤이 더 유명해질수록 출판사들은 앞다투어 베토벤의 초판을 내기 위해 혈안이 되었다.

당시 출판업자들은 베토벤의 작품을 내지 못한다는 것은 불명예스러운 일이라 생각했고, 저작권을 침해하면서까지도 베토벤 작품을 무단으로 출판하는 사례가 생겨나기도 했다. 베토벤은 이런 출판사들의 악행을 역으로 이용하여 필사본을 여러 권 제작하여 여러 출판사에 판 적도 있었다.

베토벤은 자신의 작품을 원하는 가격에 판매하는 데 고수였지만 셈 능력은 뛰어나지 못했다. 수입과 지출이 샅샅이 적힌 베토벤의 가계부를 보면 아주 세세한 지출항목도 포함되어 있는데, 더하고 뺀 금액이 정확하지 않은 부분도 많다. 쇼펜하우어는 "예술에서 위대한 천재들은 수학에 능력이 없다는 사실이 확인된다"라고 얘기한 바 있는데 베토벤은 쇼펜하우어의 주장을 충분히 뒷받침해 준 셈이다.

베토벤이 가계부에 적어 놓은 "하이든과 함께 마신 커피 6크로이체르, 초콜릿 22크로이체르" 같은 아주 사소한 지출 목록을 보면 베토벤에게는 기록이 곧 일상이었음이 짐작된다. 베토벤은 생각과 감정에 대해서도 기록했다. 시시콜콜한 집안일도 기록했다. 가정부의 해고와 고용이 길게는 한두 달 만에, 짧게는 2~3일 만에 이뤄진 기록도 있다.

베토벤의 기록 습관은 작곡 습관에서부터 시작된 게 아닐까 싶다. 늘 들고 다니는 작은 수첩이나 피아노에 올려놓은 스케치북에 악상이 떠오를 때마다 메모하는 습관이 하나의 완성된 악곡을 만드는 데 큰 기여를 했듯이 일상의 기록은 그가 온전히 독립된 예술가로 살아남기 위한 최선의 방법이었다. 베토벤의 가계부, 수첩, 스케치북에 남긴 기록은 후원자에 의존하지 않고 스스로 자립하려는 근대적 예술가의 모습을 보여줄 뿐 아니라 예술적 자유와 경제적 현실을 균형 있게 지켜 나가기 위한 베토벤의 일상이었다.

9개의 교향곡, 32개의 피아노 소나타와 함께 17곡의 현악4중주는 베토벤에게 가장 중요한 장르다. 베토벤이 죽기 1년 전 남긴 '온전한' 마지막 작품이 현악 4중주곡 16번 작품번호 135(Op.135)다. 작품이 완성된 시기는 조카 카를의 자살 시도로 인해 충격을 입은 베토벤이 정신적, 육체적으로 크게 피폐해진 후 스스로 극복해야 할 시간이 필요했던 때였다.

이 곡은 총 4악장 구성으로 4악장에는 '어렵게 내린 결심'이라는 표제가 붙어 있고, '그래야만 할까? 그래야만 한다! Muss es sein? Muss es sein!'라는 문구가 적힌 총 4마디의 악보가 있다. 가정부에게 급료를 주어야 하는 문제에 대한 자문자답이라는 설부터 어느 하나 명료하진 않다.

총 연주 시간이 20여 분 정도로 앞서 완성된 세 개의 사중주에 비해 반이나 짧은 셈이다. 곡의 길이로는 하이든과 모차르트의 현악4중주에 대한 오마주로 보이지만 음악 자체는 낭만주의적 경향이 강하다. 특히 마지막 악장에 "마음이 내키면 두 번째 부분을 반복할 것"이라 적어놓고 연주자의 재량에 맡겨버린 점은 그야말로 파격적이고 통쾌하다.

현악 4중주 No.16 Op.135 2악장

현악 4중주 중 마지막 작품이자 베토벤의 생애에서도 마지막 완성곡. 조카 카를의 자살 시도로 인해 충격을 입은 베토벤이 정신적, 육체적으로 크게 피폐해진 후 스스로 극복해야 할 시간이 필요했을 때 작곡되었다. 2악장은 현기증나게 빠른 속도의 음악이 베토벤이 처한 힘든 상황을 초탈하고자 하는 생동감으로 다가온다.

 연주: 알반 베르크 콰르텟Alban Berg Quartet

Only One이 되자

"후작이 후작이 된 것은 출생과 우연으로 된 일이다. 후작은 천 명도 더 있겠지만, 베토벤은 오로지 나 하나뿐이다."

얼마나 자신만만한 얘기인가. 'Only One'은 다른 무엇과 비교할 수 없는 존재다. 그 사람만이 갖고 있는 특별함이 있다. 남들과 차별되는 '그것'은 다른 사람은 가질 수도 없고, 갖고 있지도 않기 때문에 대체될 수도 없다. 'Only One이 되자.' 자기계발서에서 자주 들어본 얘기이지 않은가.

베토벤도 귀족들을 상대하며 신분 차별을 느끼지 않았을까. 금수저로 태어나 특별한 노력 없이도 '저절로' 귀족 신분을 갖게 된 사람들을 보며 베토벤은 어떤 생각을 했을까. 가장 가까이에서 그들을 만날 수 있었던 베토벤은 음악 창작에 대한 자신감과 자부심을 드러내기도 했지만 노력과는 무관한 신분의 문턱을 넘을 수 없음에 'Only One'이라고 스스로 정신무장 했을 가능성도 배제하지 못한다.

'유일한 능력자'는 1인자와는 다르다. 그것이 베토벤의 의도적인 정신무장이었든, 스스로 그렇게 믿고 생각했든 그는 명백히 유일무이한 사람이었다. 그가 가진 음악적 독창성은 누구도 따라할 수 없었다. 베토벤 이전, 이후 어느 시대의 작곡가도 베토벤을 대신할 수 없다.

베토벤은 시민들을 위한 음악을 만들어 달라는 요구는 별다른 조건 없이 받아줬지만 귀족들의 요구에는 항상 그가 원하는 조건을 말했다. 자신의 요구와 맞지 않을 경우엔 언제든 'No'라고 말했다. 베토벤의 충만한 자신감과 당당함은 베토벤이라는 인물에 대한 가치를 높이는 효과도 있었다.

베토벤을 후원한 상류층은 예술에 조예가 깊었을 뿐 아니라 이미 모차르트, 글룩 같은 이전 세대의 음악가들을 후원했던 사람들이었기 때문에 후원할 예술가를 고르는 안목은 탁월했다. 대부분의 후원자는 본인도 악기를 다루거나 작곡을 하는 등 음악 활동에 적극적인 사람들도 많았다.

베토벤이 빈으로 간 초기에 아직 다락방을 전전하던 시절에 리히노프스키 공작은 베토벤이 머무를 수 있는 방과 후원금, 연주 기회를 제공했다. 그가 주최하는 살롱 모임에 베토벤을 소개했다. 살롱 음악회는 베토벤이 사람들에게 알려지기엔 더없이 좋은 기회였다.

리히노프스키는 베토벤의 첫 피아노 3중주를 출판할 출판사를 직접 알아봐주고 홍보까지 거들면서 악보 20부를 선구매하기도 했다. 그의 적극적인 홍보는 베토벤의 첫 출판을 성공적으로 이끌었다. 연주 여행의 기회도 직접 기획한 리히노프스키는 베토벤이 빈에서 명성을 얻는 데 큰 역할을 했다.

그럼에도 리히노프스키와 베토벤 사이가 벌어지는 사건이 있었다. 프랑스 장교들을 위해 연주해달라는 리히노프스키의 요청을 베토벤이 거절했던 일인데, 베토벤 이전 시대의 음악가였다면 상상도 못 할 일이었다. 당시 오스트리아가 프랑스에 패전한 상황이었다는 배경을 감안한다고 해도 물심양면으로 도와준 후원자의 부탁을 단번에 거절하기는 어려웠을 것이다.

작곡가에게 작품 번호 1번은 첫 번째 공식 작품을 말한다. 작곡가마다 장르 선택도 다르다. 모차르트는 바이올린과 피아노를 위한 소나타, 하이든은 현악 4중주, 쇼팽은 피아노 독주곡이 첫 공식 작품이다. 베토벤은 피아노 3중주다. 리히노프스키가 후원했고 베토벤이 그에게 헌정한 첫 출판작 피아노 3중주 작품 번호 1번 (Op.1)은 총 세 곡으로 구성되었다.

그 중 마지막 세 번째 c단조는 세 곡 중 가장 자주 연주되는 곡이다.

초연 당시 하이든은 이 곡을 "너무 길고 복잡해 대중이 이해하기 어렵다"라며 출판 보류를 권고했다. 기존 피아노 3중주의 가벼운 이미지와 전혀 다른 대담한 스타일 때문이었다.

베토벤은 c단조 곡을 세 곡 중 가장 좋아하며 출판을 강행했고 하이든의 조언은 자신의 재능에 대한 질투로 여겼다.

초연은 리히노프스키 공작 저택에서 이루어졌다. 피아노를 직접 연주하는 베토벤의 모습을 상상하며 들어보면 어떨까? 첫 출판이 성공적으로 이루어지길 바라는 마음으로 작곡가로서 낯선 도시에서 펼쳐갈 자신의 꿈을 이제 막 시작하는 그를 떠올리며 들어보자.

피아노 3중주 No.3 Op.1

Op.1 No.3은 c단조로 작곡되어 비극적인 분위기를 품고 있다. 피아노, 바이올린, 첼로가 독립적으로 대화하며 피아노가 단순한 반주를 넘어서 독립적 악기로서의 역할을 하면서 삼중주 형식을 한 단계 끌어올린 작품. 1817년 이 곡을 작곡한 지 20년이 다 되어갈 무렵 원작의 격정적 스타일을 재해석해서 현악 5중주 작품 번호 104(Op.104)로 편곡한다.

바이올린: 엠마누엘 엑스 Emanuel Ax
피아노: 레오니다스 카바코스 Leonidas Kavakos
첼로: 요요마 Yo-Yo Ma

베토벤다움, 나다움

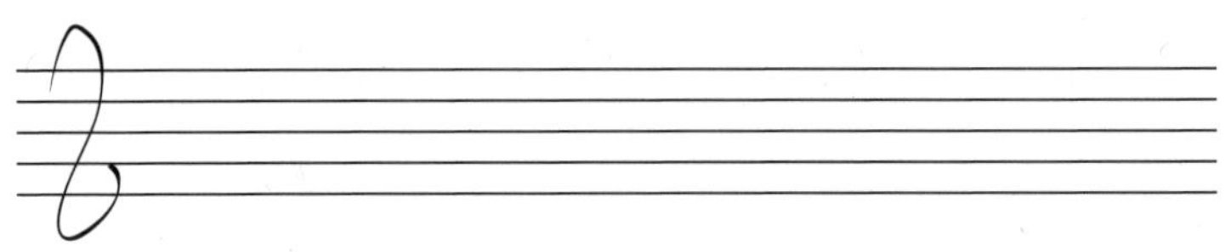

베토벤이 성공할 수 있었던 이유는 그만의 음악적 언어가 특별했기 때문이다. 음악은 말이나 글로는 표현할 수 없는 감정과 경험을 음표로 풀어낸 또 다른 차원의 언어다. 베토벤은 음악 언어를 통해 자신의 존재를 증명하고 세상에 자신의 목소리를 들려주었다. 베토벤 음악은 그만의 삶과 내면의 깊이를 담아낸 독창적인 언어였다.

'위대한 베토벤'이라고 불리는 이유는 그의 음악적 재능만을 얘기하는 것이 아닌 역경과 고난을 넘어선 삶의 이야기가 음악에 담겨 있기 때문이다. 베토벤은 '자수성가한 작곡가'로서 스스로의 길을 개척했다. 9번 교향곡에 '합창'을 넣어 하이든과 모차르트 교향곡의 형식의 틀을 깼고 '영웅 교향곡'에 '장송 행진곡' 같은 파격적인 악장을 넣으면서 새로운 구조와 표현방식을 창조했다. 음악을 통해 스스로의 이야기, 슬픔, 절망, 희망을 세상에 남겼다. 그의 음악이 우리에게 강렬한 울림과 전율을 주는 이유가 아닐까 싶다.

음악가에게 청력은 생명과도 같다. 베토벤이 귀가 점점 들리지 않는다는 사실을 처음 알았을 때 그 절망감은 말로 표현이 안되었을 것이고 그의 존재 자체를 뒤흔드는 일이었다. 베토벤은 오랜 시간 자신이 처한 현실을 부정하며 괴로워했다. 그가 가장 친했던 친구들에게 조차도 청력에 이상이 온 지 3~4년이 지난 후에야 괴로움을 털어놓았다.

베토벤의 청력 상실은 현실을 받아들이고 내면을 단단하게 만드는 계기가 되었다. 고통 속에서 스스로의 약점을 직면하고 음악으로 승화하는 과정은 베토벤 음악의 독창성과 깊이를 만들어냈다.

'월광 소나타'의 1악장은 느린 8분음표가 처음부터 끝까지 반복된다. 끝없이 이어지는 구조는 베토벤의 막막한 심정을 반영하듯 들린다. 한결같이 느리고 무겁게 흐르는 음표들은 베토벤이 느꼈던 고통을 음표로 그려 놓은 것 같다.

누구에게나 어려움과 고난은 찾아온다. 처음에는 그 현실을 부정하고 도망치고 싶어지는 것이 인간의 본능이다. 하지만 고난을 정면으로 마주했을 때 새로운 길이 열리기 시작한다. 베토벤은 고통 속에서 자신을 성장시켰고 음악은 그의 삶 자체가 되었다.

베토벤은 엄격한 계급 사회에서 독립적인 예술가로 인정받은 최초의 음악가 중 한 사람이다. 그는 루돌프 대공 같은 빈의 최상류층의 후원을 받기도 했지만 스스로가 신분 계급을 떠나 동등하게 인정받기를 원했고 그의 음악적 천재성을 증명함으로써 신분 격차를 넘어서는 예술가가 되고자 했다.

베토벤이 기존의 음악 형식에서 벗어나 새로운 패러다임을 만들어낸 것은 단순한 혁신이 아니었다. 그것은 예술가로서의 자부심과 자신을 업그레이드하고자 하는 욕망의 표현이었다. 모차르트와 하이든이 만들어 놓은 전통적 형식을 뛰어넘어 자신의 삶과 철학을 음악에 녹여낸 새로운 음악 언어를 만든 혁신가였다.

베토벤의 삶과 음악은 중요한 교훈을 남긴다. 그는 자신의 고통과 어려움을 숨기거나 피하지 않았다. 오히려 그것을 자신만의 방식으로 풀어내고 그러한 경험을 통해 '나다움'을 완성했다. 사람들은 안정적인 직장에서 벗어나 자신의 철학과 가치관에 맞는 길을 모색한다. 베토벤의 음악적 여정은 이런 도전과 닮아 있다. 쉽지 않은 길이지만 자신의 고유함을 믿고 나아갈 때 더 큰 성취와 울림을 만들어낼 수 있다.

베토벤은 신분 제약 속에서도 예술가로서의 자부심을 지켰으며 음악을 통해 자신의 이야기를 전했다. 베토벤의 삶이 음악이었고, 음악이 그의 삶이었다. 우리는 모두 자신의 삶에서 '나다움'을 찾고 그것을 지켜 나갈 때 결국 스스로가 만족하는 삶을 살 수 있다.

베토벤의 음악은 그 자체로 베토벤이었다. 누군가의 시선에 맞추거나 세상의 기준에 맞춘 모습이 아닌 나 자신을 찾아가는 여정 속에 삶의 만족을 느낄 수 있게 된다. 외부의 기대나 사회적 규범에 맞추기보다 자신만의 고유한 정체성을 찾아가는 과정에서 베토벤과 같은 빛나는 결과도 마주할 수 있지 않을까.

현악 4중주 No.15 Op.132

베토벤이 세상을 떠나기 2년 전에 작곡된 이 곡은 병으로 인해 잠시 작곡을 중단했다가 회복 후 다시 작업을 이어간 작품. 전통적인 4악장 형식을 벗어나 5악장으로 구성. 3악장은 베토벤이 '병에서 회복한 자가 신에게 바치는 성스러운 감사의 노래'라고 직접 표기한 명곡으로 그의 내면적 고뇌와 회복에 대한 깊은 감사를 음악으로 승화.

연주: 알반 베르크 콰르텟 Alban Berg Quartet

행복의 기준

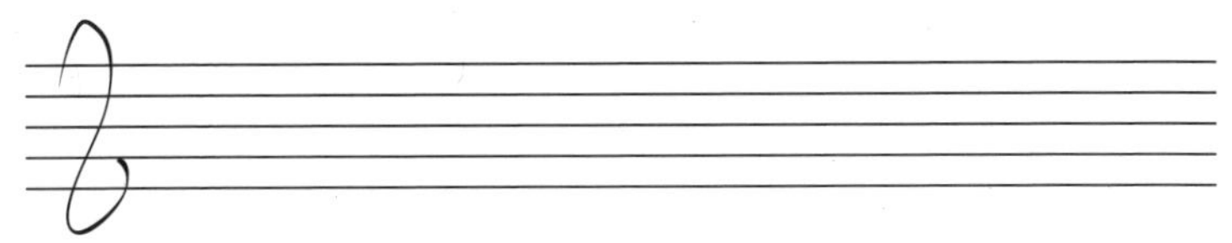

베토벤은 '합리적 낙관론자'의 전형을 보여준다.

베스트셀러 자기계발서 『불변의 법칙』을 쓴 작가 모건 하우절은 낙관론과 비관론이 하나의 스펙트럼에 존재한다고 말했다. 한쪽 끝에는 극단적 낙관론자가 다른 쪽 끝에는 극단적 비관론자가 있다. 모든 것을 긍정적으로 보거나 모든 것을 부정적으로 보는 이 둘은 서로 정반대지만, 현실과 동떨어져 있다는 점에서는 크게 다르지 않다고 했다.

가장 바람직한 것은 그 중간이며 모건 하우절은 이를 '합리적 낙관론자'라고 불렀다. 합리적 낙관론자는 현실의 절망과 실패를 인정하면서도, 이런 장애물을 극복할 수 있다고 믿으며 낙관적 시각을 유지한다. 그렇다면 베토벤은 '합리적 낙관론자'가 아닐까.

베토벤은 청각 장애라는 고통스러운 현실을 부정하거나 피하는 대신 음악창작을 통해 고통을 극복했다. 베토벤은 난청이 더 심해지면서 더욱 혁신적이고 실험적인 음악을 창작했다. 1802년은 그가 크게 좌절하고 삶을 포기하려고 한 해인 동시에 좌절을 극복한 해이기도 하다. 총 9곡의 교향곡 중 8곡을 1802년 이후에 작곡했다. 마지막 9번 교향곡 '합창'은 청력을 거의 잃은 상태에서 작곡되었지만, 인류애와 자유를 노래하며 희망의 메시지를 전해준다.

교향곡이 순수 기악곡으로 이어지던 관습을 깨고 마지막 악장에 합창단과 독창자를 넣어서 실러의 '환희의 송가'를 노래한다. 이 시를 인용한 것은 베토벤이 현실의 고난을 인정하면서도 극복하고자 하는 의지를 보여주는 좋은 예다.

철학자 몽테스키외Montesquieu는 "그저 행복해지고 싶다면 그 목표는 쉽게 이룰 수 있다. 하지만 우리는 '남들보다' 더 행복해지길 원한다. 이는 언제나 어렵다. 왜냐하면 우리는 남들이 실제보다 더 행복하다고 믿기 때문이다"라고 말했다.

베토벤은 행복했을까?

베토벤이 만약 남들과 비교해서 자신의 상황을 더 고통스럽게 생각하고 자신이 처한 상황에 부정적이기만 했다면 오늘날 베토벤이 극복한 삶에 대해 얘기하고 그의 음악이 연주되는 오늘이 있었을까.

스탠포드 대학교에서 실시한 '행복한 사람과 불행한 사람 간의 사회적 비교에 대한 반응 차이'에 대한 연구의 결과는 꽤 흥미롭다. 행복하다고 느낀 사람들은 자신이 만들어내는 성과에 더 집중하고 사회적 비교 정보에 영향을 덜 받는다는 결과를 보여줬다.

베토벤은 그가 만들어내는 음악적 창조물이 그가 고통에서 벗어날 수 있는 유일한 수단이라고 생각했다. 베토벤은 사회적 비교와는 거리가 먼 삶이었다. 상대와의 비교도 주위를 둘러볼 만한 일말의 여유가 있어야 하는 게 아닐까. 여유가 없는데 자신의 처한 환경을 한탄하며 다른 사람과 비교하는 사람은 그것 자체가 더 고통이 될 수도 있다. 자신이 처한 고통에서 벗어나려는 사람, 성장하기 위해 앞으로 나아가는 사람은 누구와 비교할 시간도 없다. 내 일만 신경 써도 될 지 말지 모르는 상황인데 남의 삶을 들여다볼 여유가 있을까.

베토벤은 자신을 치유할 수 있는 수단이 음악임을 알았다. 베토벤만이 할 수 있는 음악을 보여줄 수 있었던 건 '비교'로부터 자유로웠기 때문이다.

자유로움은 역설적이게도 베토벤의 신체적 제약에서 비롯되었다. 청력을 잃어가는 상황에서 오히려 그는 정신적 자유를 찾았다. 고통으로부터 벗어나는 것이 우선이었고, 그 고통은 음악이라는 창조를 통해 건어낼 수 있음을 깨달았다. 고통을 잊을 수 있는 수단이 음악이었고, 음악에 몰입했고, 몰입은 고통에서 자유로워질 수 있게 만들었다.

몰입이 곧 자유고, 자유는 몰입할 때 얻을 수 있다. 무언가에 홀린 듯 빠져서 할 때 아침에 시작한 일이 어느새 밤이 되었는지도 모르게 지나가버리는 그런 느낌이다. 음악은 그에게 자유를 안겨주었다. 몰입은 새로운 작품을 창조할 수 있는 원천이다. 그의 작품이 사람들에게 몰입, 자유, 환희심을 주는 이유라 생각한다.

객관적인 부는 존재하지 않는다. 모든 것은 상대적이며 대개는 주변 사람과의 비교를 통해 인식된다. 행복은 좀 다르다. 비교할수록 행복지수는 떨어진다. 늘 부족함을 느낀다. 마치 아무리 돈이 많아도 충분하다고 느끼지 못하고 더 가지려고 애쓰는 사람과 같다. 부족함에 시달리는 사람은 실제로 부족한 것보다 자신이 부족함을 갈구하고 있음을 깨달아야 한다.

부족함에 집중하면 행복은 영원히 찾아오지 않는다. 베토벤은 그의 불행에 집중하지 않고 음악 창작에 집중했다. 이것이 베토벤의 행복 비결이다. 청력 상실이라는 불행한 상황에 매몰되지 않고, 오히려 그 상황을 창의적 영감의 원천으로 삼았다. 이러한 태도는 그의 음악을 더욱 독창적이고 혁신적으로 만들었다.

누구와도 비교하지 않는 삶의 태도, 자유가 그의 행복에 가장 큰 힘이 되었다. 진정한 행복은 남들과의 비교에서 오는 것이 아니라 자신의 고유한 가치와 재능을 인식하고 발전시키는 데서 온다.

베토벤의 인생과 커리어는 우리에게 행복의 새로운 기준을 제시한다. 그것은 바로 자신만의 독특한 길을 걸어가는 용기와 자유다. 자신의 한계를 극복하고 오히려 창의력의 원천으로 삼은 베토벤을 통해 어려움을 새로운 기회로 바꿀 수 있는 가능성을 보여준다.

결론적으로, 베토벤의 삶은 행복이 외부 환경이나 타인과의 비교에서 오는 것이 아니라 자신의 내면에서 찾아야 한다는 것을 보여준다. 그의 음악적 성취는 단순히 재능의 결과가 아니라 자신만의 길을 걸어가는 용기와 끊임없는 자기 발전의 결과였다. 진정한 행복과 성취는 남들과의 비교나 외부의 기준에 얽매이지 않고 자신만의 고유한 가치를 발견하고 발전시키는 데서 온다.

바가텔 No.1 Op.126

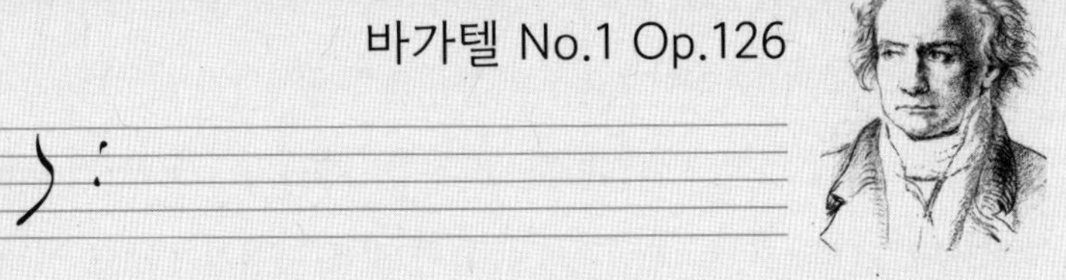

1824년에 작곡된 6곡의 모음곡 중 1번. 짧고 간결하면서도 서정적인 멜로디가 특징이며 맑고 투명한 음색과 부드러운 흐름이 듣는 이를 편안하고 행복한 상태로 이끌어준다.

피아노: 스티븐 코바체비치 Stephen Kovacevich

책임감의 무게

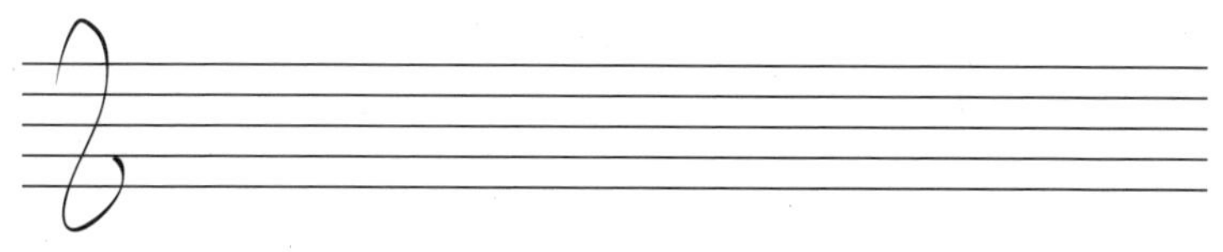

베토벤은 일찍부터 집안의 가장이었다. 능력이 부족한 아버지 밑에서 세상살이에 일찍 눈을 뜨며 자신이 꾸려가야 할 의무와 책임을 일찍부터 알게 되었다. 베토벤의 아버지는 궁정 테너로 일을 했지만 유능한 음악가는 아니었으며 흔히 술주정뱅이로 묘사된다. 어린 베토벤에게 강압적인 음악 교육을 했던 아버지로도 알려져 있다.

반면 베토벤의 할아버지는 궁정악장으로서 능력을 인정받은 음악가였다. 베토벤의 아버지도 할아버지로부터 성악, 바이올린, 피아노를 배웠고 직업 음악가가 되기에 충분히 탄탄한 교육을 받았다. 하지만 베토벤의 아버지는 가장으로서도 음악인으로서도 좋은 점수를 주기 어려웠다. 베토벤 할아버지의 그늘에 가려 날개 한 번 제대로 펴지 못했던 것으로 보인다.

베토벤은 16세 때 어머니를 여의고 얼마 지나지 않아 여동생까지 잃게 되었다. 베토벤과 그의 아버지가 느낀 상실감은 말로 표현할 수 없을 정도로 컸을 것이다. 술을 좋아했던 베토벤의 아버지는 이후 알코올 중독자로 타락하고 궁정 음악가라는 직업도 강제로 그만두게 된다. 당대, 후대에 술주정뱅이로 묘사된 베토벤 아버지의 모습은 아내의 죽음 이후 더 심해지고 굳어지지 않았을까.

베토벤은 아버지가 받는 연금을 모두 술로 탕진하는 것을 막기 위해 연금의 반이라도 베토벤 자신이 직접 받을 수 있게 청원한다. 17세의 베토벤은 이후 아버지의 연금을 직접 받음으로써 가족의 생계를 책임질 수밖에 없었던 어려운 상황을 스스로 헤쳐갈 수 있었다.

어릴 때부터 가족을 부양했던 막중한 책임감은 베토벤 삶의 전반에 큰 영향을 미쳤을 것으로 생각된다. 고향 본을 떠나 낯선 사람들만 가득한 빈으로 옮겨서 호락호락하지 않았던 프리랜서 음악가로 자리를 잡을 수 있었던 것도 어릴 적부터 책임감이 강했던 베토벤이었기 때문에 가능했던 일이었다. 빈은 당시 문화예술의 중심 도시였기 때문에 음악가들은 빈으로 몰렸고 그 많은 음악가들 사이에서 성공하기란 쉬운 일이 아니었다.

200년 이전의 베토벤이 살던 시대도, 21세기인 현재도 프리랜서 음악가가 성공하기엔 장벽이 높다. 특히 어디에도 소속되지 않은 음악가, 요즘 같으면 기획사 소속이 아닌 프리랜서로 활동하는 음악가라면 스스로 모든 걸 책임져야 한다. 설사 이름이 알려진다 하더라도 먹고 사는 문제에 전혀 어려움을 느끼지 않으며 활동하는 음악가가 얼마나 될까? 게다가 실력과 인기, 수입 모두 한평생 따라준다는 보장도 없다. 한 때는 이름 석자만 얘기해도 누구나 알던 연예인이 어느 날 전혀 모르는 무명이 되는 이도 있지 않은가.

베토벤이 빈으로 와서 홀로 살아가는 데 금전적 어려움을 느낀 적이 없는 건 아니다. 하지만 자신을 책임지지 못할 지경으로 경제적 어려움을 겪지는 않았다. 어렸을 때부터 넉넉치 않은 형편이었는데다 가족의 생계를 책임졌던 베토벤 아닌가. 어려움 속에서도 견디고 이겨 나갈 책임감이 뼛속까지 저장되어 있었을 것이다.

술로 고통을 이겨보려고 했던 아버지의 모습을 보며 베토벤은 스스로 아버지처럼 되지 않겠다는 생각을 했을지도 모른다. 그런 생각과 경험이 평생 동안 책임감을 가지고 살아가는 데 힘이 되었을 것이다.

베토벤에게 음악은 그가 짊어져야 했던 무거운 책임속에서 고통을 떨치기 위해 꼭 필요한 인생 선물이었다. 한 작품을 완성해

갈 때마다 그가 하고 싶은 이야기를 음악으로 풀어냈다. 한 곡 한 곡이 꽤 오랜 시간과 수정을 거듭했다. 다른 작곡가가 하지 않는 형식과 구성, 리듬에 대한 도전이고 실험이었다.

어릴 적 아버지가 억지로 연습시켰던 숙제 같은 음악이 어떻게 그의 인생에 선물로 자리잡을 수 있었을까. 베토벤에게 음악은 사실 그 자체로 생계 수단이었다. 빈에 처음 도착했을 당시, 즉흥 연주에 뛰어났던 베토벤은 유려한 연주로 빈 귀족들의 관심을 사는 게 목적이었다. 자신을 알리는 기회를 최대한 많이 가져서 빈에서 '예술가'로 자리잡기 위해 애썼다.

빈에서 확고히 자리를 잡아갈 무렵 생긴 난청에 대한 고통은 벼랑 끝에 선 심경이었을 거다. 하일리겐슈타트 유서를 읽어보면 베토벤의 죽을 만큼 힘들었던 심경이 잘 드러나 있다. 하지만 음악 창작이라는 희망을 끝까지 놓지 않겠다는 굳은 결심도 함께 엿볼 수 있다.

베토벤은 생애 후기에 더 실험적인 음악을 추구했다. 해가 갈수록 가족들을 부양해야 한다거나 타국에서 본인의 생계와 커리어에 대한 무거운 책임감보다는 자신을 돌아보며 자신이 원하는 음악을 창작했다. 책임감으로 버텨온 그의 삶에서 예술가로서 인정을 받으며 스스로가 자유로워질 수 있었다.

스스로를 책임질 수 있는 능력은 누구나 부러워할 만한 능력이다. 하지만 책임감 때문에 느껴지는 중압감은 오히려 삶을 살아가는 데 방해가 되기도 한다. 실행하는 데 너무 많은 시간이 걸린다든지, 섣불리 시도하지 않게 되는 부정적 요인이 되기도 한다. 책임감을 긍정적으로 잘 쓰기 위해서는 일을 잘해야 한다는 부담 대신 일을 마무리하는 책임만이 필요하다. 창작이나 일의 과정을 즐길 수 있는 사람이 책임감까지 있다면 스스로가 만족하는 삶을 살수 있다.

책임감이 무겁게 다가올 때는 일을 완수하고 나서의 만족감 역시 덜하다. 일을 끝냈다는 마음은 다른 곳에서 보상받고 싶은 심리가 일어난다. 또 다른 일이 있다 하더라도 다음으로 미루고 그동안 애쓴 나를 위한 보상으로 쇼핑, 여행, 영화 같은 것으로 채운다. 그럼 다음 번 일도 '끝낸다'에만 중점을 두다 보니 일의 결과에 크게 만족하지 못하는 악순환이 반복된다. 누구의 경험이냐고? 내 경험이다.

베토벤의 아버지는 어릴 적 베토벤을 방에 가두어 놓고 피아노 연습을 시키거나 한밤중에 자고 있는데도 깨워서 연습시켰다는 얘기를 들었을 때 어떤 생각이 드는가? 음악은 더 이상 하고 싶지 않았을 거라는 생각이 든다. 그럼에도 베토벤에게 음악은 청력 상실을 극복하고 자신의 목숨까지 살릴 수 있는 수단이 되었고 베토벤이 살아갈 수 있는 힘의 원천이 되었다.

현악4중주 작품 번호 135(op.135)는 카를의 자살 시도 이후 심리적으로 무척 힘든 시기를 보내고 있었던 베토벤이 형, 요한의 시골 저택으로 피신해 있을 때 작곡되었다. 1827년 3월 베토벤이 사망하기 불과 몇 달 전에 완성한 그의 마지막 작품이기도 하다.

현악 4중주 작품 번호 135는 현악 4중주 작품 번호 127, 130~132, 그리고 대푸가와 함께 후기 작품으로 분류되지만 이들과 전혀 다르다. 다른 후기 현악 4중주들이 규모가 웅장하고 현악 4중주 장르에 새로운 형식을 모색했다면 작품 번호 135는 전혀 다른 모습을 보인다. 구성이 논리적이고, 소리가 가볍고 투명하며, 때로 장난스럽고 익살스럽게 들리기도 한다. 오랜 고투 끝에 단순한 진리를 깨달은 작곡가의 작품 같다.

"어려운 결심Der Schwergefasste Entschluss"이라는 표제가 붙은 마지막 악장은 시작 부분에 "그래야만 하는가Muss es sein?"와 "그래야만 한다Es muss sein!"라는 문구와 함께 이 악장의 동기로 사용될 음이 그려져 있다. 음악에서 '동기'란 씨앗 같은 것이다. 작은 씨앗이 자라서 큰 나무가 되듯, 짧은 동기가 다양한 멜로디와 리듬, 화성으로 자라면서 그 곡의 분위기와 주제를 만들어 준다.

어려운 결심이 무엇을 의미하는지에 대해 끝없는 논쟁이 이어져 왔지만 사실 어떤 논쟁도 음악만큼 중요하지 않다. 죽음을 받아들이겠다는 뜻일 수도 있고, 또 다른 철학적 질문일 수도 있고, 작

곡을 끝내야 한다는 말일 수도 있다. 아래 메모는 베토벤이 이 곡을
보내면서 출판사에 남긴 글이다.

"여기, 내 친애하는 친구여, 내 마지막 4중주가 있다. 이것이
마지막이 될 것이다. 그리고 실제로 이 악장은 나에게 많은
고통을 주었다. 마지막 악장을 작곡할 결심이 서지 않았기
때문이다. 그러나 당신의 편지가 그것을 상기시켜 주었기에,
결국 작곡하기로 결심했다. 그래서 나는 핵심 문구를 썼다.
'어려운 결심, 그래야만 하는가? 그래야만 한다, 그래야만 한
다!'"

현악 4중주 No.16 Op.135

4악장에는 베토벤이 직접 쓴 "어렵게 내린 결심Der schwergefasste Entschluss"이라는 표제를 붙였다. "그래야만 할까? 그래야만 한다! Muss es sein? Es muss sein!"라는 문구가 악보에 적혀 있을 정도로, 육체적 고통과 고독 속에서도 불굴의 의지를 담아낸 '삶의 고백'으로 평가받는 곡.

연주: 알반 베르그 콰르텟Alban Berg Quartet

통하면 떨린다

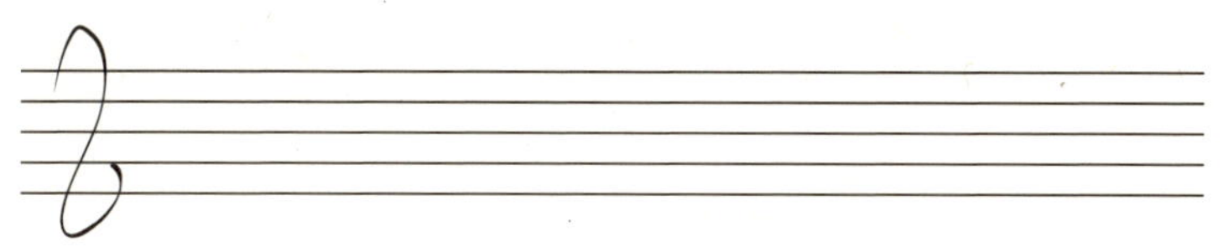

　'너랑 나랑은 참 잘 통하는 것 같아' 이런 말을 주고 받는 사이라면 언제 만나도 어제 본 것처럼 할 말도 많고 대화가 잘 통한다. 생각과 감정이 비슷해서 쉽게 공감할 때 서로 '통한다'고 말한다. 라디오에서 원하는 방송을 좋은 음질로 들으려면 주파수를 잘 맞추어야 또렷이 깨끗하게 들리는 것처럼 사람도 서로 주파수가 맞아야 잘 통한다. 잘 통하는 사람은 이미 주파수가 맞는 거다.

　음악도 마찬가지다. 좋아하는 음악을 들었을 때 전율을 느끼거나 나도 모르게 갑자기 눈물이 났던 적이 있는가. 음악과 통한 것이다. 그 음악과 주파수가 딱 맞은 것이다.

　베토벤 피아노 소나타 '템페스트' 3악장을 연습하던 날이었다. 보통 연습 날과 특별히 다른 점은 없었다. 달라진 점이라면 매일 연습하다보니 제법 능숙해졌음을 느꼈다. 그러다 나도 모르게 눈물이 났다. 생각지도 못한 눈물이었다. 그럴 만한 상황도 아니었고 일부러 울고 싶었던 마음도 아니었는데 엉뚱하리만큼 갑작스럽게 눈물이 났다. 손가락은 분명 건반 위를 빠르게 움직이고 있었지만 움직임이 느껴지지 않으며 손가락이 건반위에 붕 떠 있는 듯했다. 건반 위의 손가락은 저절로 돌아가는 느낌이었다. 가슴이 벅차올랐다. 기쁨 그 이상의 무언가가 가슴 깊은 곳에서부터 꿈틀거렸다.

　나와 베토벤의 주파수가 정확히 같아서 통하는 느낌이었다. 음악이, 나와 베토벤이 하나가 되는 느낌이었다. 베토벤 소나타 한 마디 한 마디가 가슴을 뜨겁게 했고 베토벤이 전하고 싶었던 얘기를 들은 것처럼 온 몸이 전율했다.

　통하는 순간은 '하나'가 되는 순간이다. 사실 '하나됨'은 생활 속에서 경험하며 살고 있다. 상대의 고통을 들었을 때 나의 고통처럼 느껴지고, 상대의 행복이 나의 행복으로 느껴지고, 음악이 나에게 얘기하듯 들리고, 자연을 걷다보면 편안하고 자연스러워지는 이 모든 것이 하나되는 순간이다. 내가 곧 상대가 되고 자연이 되고 음악이 되는 것이다.

　'템페스트'를 작곡한 시기는 청력 상실로 베토벤이 절망감에 빠져 있었다. 자신의 존재 자체에 두려움과 위협을 느꼈지만 동시에 음악을 통해 존재를 확인한다. 이 곡의 작곡 시기와 하일리겐슈타트 유서를 쓴 시기는 겹친다. '템페스트'는 그가 느꼈던 고뇌와 극복의 과정을 음악으로 승화시킨 작품이라고 할 수 있다.

베토벤은 하일리겐슈타트 유서에서 "오직 예술만이 나를 붙들었다"라고 고백했다. 창작을 통해 자신의 고통을 초월하고자 했음을 보여준다. 템페스트 소나타는 그의 이런 의지와 결단을 음악적으로 표현한 작품이다. 베토벤의 생각과 정서가 그대로 녹아 있다. 이 곡의 배경 지식이 없더라도 격정적이고 극적인 3악장을 들어보면 베토벤의 내면세계를 들여다보는 것 같다. 그의 고통스러움과 그것을 이겨내려는 몸부림이 동시에 느껴진다.

내가 그의 소나타를 연주하며 흘린 환희에 찬 눈물은 베토벤의 내면과 공명하는 순간이었다. 그의 음악이 나에게 공명되었고 공감과 이해를 넘어서서 몸과 마음의 울림으로 다가왔다. 베토벤과 경계가 없는 하나가 된 경험이었다. 내가 베토벤이고, 베토벤이 나인 경험. 베토벤의 내면과 만나는 경이로운 순간이었다.

각자의 환경과 경험, 선천적인 기질이 성격과 취향이 되면서 자신의 고유한 '주파수'가 된다. 물리적으로 주파수가 일치할 때 공명이 일어나듯, 우리의 내면 주파수와 일치하는 사람을 만나거나 음악을 듣거나 연주를 했을 때 서로가 통하는 경험은 하나가 되는 특별한 감정이다. 공명은 결국 하나가 되는 것이고, 그런 순간을 경험하는 것은 바로 '온전한' 나 자신을 느끼게 되는 순간이기도 하다.

디아벨리 변주곡 Op.120

디아벨리 변주곡은 베토벤이 만년에 작곡한 곡으로 예술적 심오함과 실험정신이 집대성된 대표작. 종종 바흐의 골드베르크 변주곡과 함께 변주곡의 최고 걸작으로 꼽힌다. 빈의 음악 출판업자 안톤 디아벨리가 직접 작곡한 단순한 왈츠 주제를 바탕으로 베토벤이 33개의 다른 스타일의 변주를 만들었다. 베토벤은 이 곡에서 전통적 변주곡 형식을 포함해서 푸가, 춤곡, 유머러스한 스타일 등 다양한 음악적 실험을 했다.

피아노: 알프레도 브렌델Alfred Brendel

불가능을 가능으로 바꾼
베토벤의 마법

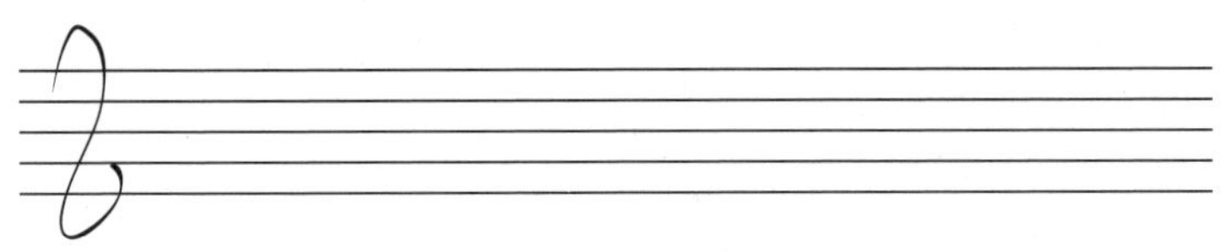

피아노, 바이올린, 첼로를 위한 협주곡Triple Concerto(이하 삼중협주곡)은 베토벤 시대 이전에도, 이후에도 아주 드문 작곡 형태다. 독주 악기가 오케스트라와 호흡을 맞추는 일반적인 협주곡 형식이 아닌 세 대의 악기가 하나의 독주 악기처럼 연주하면서 호흡을 맞추어야 한다.

베토벤이 쓴 협주곡은 피아노 협주곡 5곡, 바이올린 협주곡 1곡 그리고 삼중협주곡까지 총 7곡이다. 실험적이고 혁신적인 작품인 삼중협주곡의 탄생은 베토벤의 외로움을 '음악적 대화'로 풀어놓은 결과물이다.

피아노가 '악기의 왕'이라 불리는 이유는 한 대의 악기로 웬만한 오케스트라와 합창단의 소리를 낼 수 있는 음량을 가지고 있기 때문만은 아니다. 넓은 음역대로 다양한 화음을 낼 수 있는데다, 셈여림의 폭도 자유롭게 낼 수 있는 일당 백의 역할을 하기 때문이다.

오케스트라 단원 중에 피아니스트를 본 적이 있는가? 드물 것이다. 피아니스트는 대부분 혼자 연주한다. 물론 피아노 협주곡이나 피아노 삼중주처럼 피아노가 주요 악기로 등장하는 장르는 예외다.

교향곡에 피아노가 오케스트라 구성원으로 포함되는 경우는 극히 드물다. 생상스의 교향곡 3번 '오르간교향곡'에서조차 피아노는 다른 현악기나 관악기에 비해 잠깐 등장할 뿐이다.

피아노가 들어가는 교향곡이 거의 없다는 점이 피아니스트가 오케스트라 정단원으로 소속될 필요가 없는 가장 큰 이유다.

그래서 피아노는 늘 혼자다. 왕에게 친구가 없듯이 악기의 왕인 피아노 역시 마찬가지다. 피아노는 홀로 외로운 악기다.

베토벤은 피아노와 함께 할 연주자들이 그리웠다. 그들과 대화도 하고 싶고 함께 연주하며 교감하고 싶었을 것이다. 이미 있는 형식 '협주곡'에 새로운 변화를 추구해서 탄생한 것이 삼중협주곡이다. 귀가 점점 더 들리지 않았던 베토벤이 힘들었던 일상을 '음악적 대화'로 풀어낸 결과가 바로 삼중협주곡이다. 청력을 잃은 이후 베토벤이 목마르게 갈구했던 것은 일상의 대화였다. 그에게 첼로와 바이올린, 두 현악기와 나누는 음악적 대화는 현실에서는 편하게 마주할 수 없는 소통의 순간이었을 것이다.

삼중협주곡은 자신의 감정과 마음을 일기로 쓰듯이 외로움을 달래고 적극적인 대화를 하고 싶은 마음을 음악으로 써 내려가며 위로 받았던 게 아닐까. 피아노, 바이올린, 첼로의 소통으로 음악적 대화를 나눌 수 있는 동료들이 생겼을 뿐 아니라 세 악기를 지지하고 더 멋진 음악으로 탄생시킬 오케스트라와의 풍성한 대화까지 가능하게 만들었다.

베토벤의 오랜 고향 친구 베겔러에게 쓴 편지의 내용을 보면 그가 얼마나 사람이 그리웠는지 알 수 있다.

"지난 2년 동안 사람들에게 귀가 들리지 않는다는 말을 할 수 없어서 거의 모든 사교 모임에 나가길 꺼렸다네. 다른 직업이라면 모르겠지만 이 직업에는 치명적인 것이니. 나의 많은 적들이 이 사실을 알면 뭐라고들 하겠는가?"
귀가 얼마나 안 들리는지 설명하자면, 극장에서 배우의 말을 들으려면 오케스트라 바로 가까이에 앉아야만 해. 조금만 떨어져 앉아도 악기와 가수의 고음이 들리지 않고 더 먼 자리에서는 전혀 들리지 않는다네. 사람들이 이야기를 나누다가도 내 상태를 전혀 눈치 채지 못하고, 그저 습관적으로 멍하니 있는 줄 안다는 것이 기막히지.

사람들이 내게 말을 하면 그저 소리만 들릴 뿐 말 자체는 뜻을 이해할 수 없고, 누가 소리라도 지를 때면 고막이 터지는 것 같아 정말 참을 수가 없다네. 이제 앞일은 하늘만이 알거야! 닥터 베링의 말로는 조금 나아지긴 하겠지만 아마도 완벽하게 치유되진 않을 것이라네.”

베토벤은 청력이 나아질 거라고 크게 기대하지 않았다. 대신 작품 활동에 매진했다. 작곡에 몰입하는 시간이 그에게는 어떤 누구와 나누는 대화보다 더 깊은 소통을 이어갈 수 있는 순간이었을 것이다.

특히 삼중협주곡은 일상에서 힘들었던 대화를 첼로와 바이올린을 통해 깊이 나누는 시간을 보여준다. 이 작품은 협주곡 3번과 4번 사이, 베토벤이 협주곡이라는 장르에 집중하던 시기에 탄생했다. 베토벤에게 음악 창작은 현실에서 불가능한 일을 바라는 대로 이루어갈 수 있는 꿈의 시간이었다. 그는 음악을 통해 불가능을 가능하게 만드는 마법사와 같았다.

현실의 장벽을 부수고 스스로 만들어 낼 수 있는 창작물이 있다면, 그 창작의 과정이 온전히 진심이고 자신을 밝히는 일이라면 그냥 해보는 거다. 그것이 당장 이득이 되지 않더라도, 훗날 '나'를 살린 가장 큰 일이었음을 깨달을 날이 올지도 모른다.

피아노 바이올린 첼로 3중 협주곡 Op.56

베토벤 삼중협주곡은 피아노, 바이올린, 첼로 세 개의 독주 악기가 동시에 등장하는 협주곡. 세 개의 독주 악기와 오케스트라가 함께 연주하지만 각 악기들이 서로 교감하고 대화하는 실내악적인 성격도 강해 협주곡과 실내악의 경계에 있는 작품.

바이올린: 안네 소피 무터 Anne-Sophie Mutter
첼로: 요요마 Yo Yo Ma
피아노 & 지휘: 다니엘 바렌보임 Daniel Barenboim

침묵과 호흡

베토벤의 내면 세계에서 배우는
자기 성찰의 기술

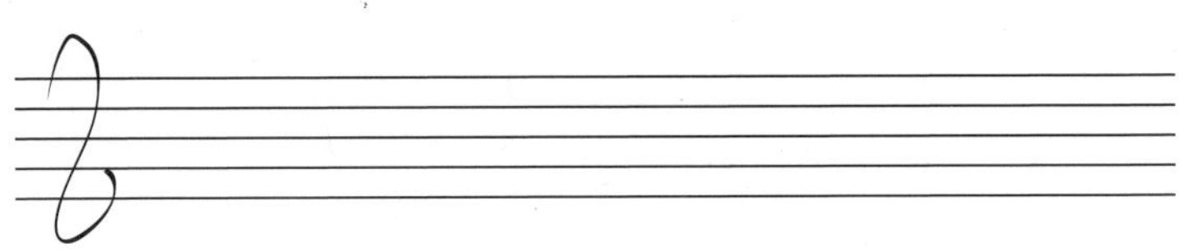

청력 상실은 음악가로서 상상할 수 없을 정도로 큰 시련임에도 불구하고 외부 세계의 소리가 차단되면서 베토벤의 내면 세계는 역설적으로 더욱 풍부해졌다고 말한다. 부족한 청각 처리 영역을 내면의 음악적 상상력을 강화하는 방향으로 변화시킨다는 게 정말 가능한 일일까.

음악학자 로빈 월리스Robin Wallace는 "베토벤은 청각 장애에 맞선 것이 아니라, 청각 장애를 껴안으며 새로운 차원의 음악을 구현했다"라고 말했고, 음악학자 메이너드 솔로몬Maynard Solomon도 베토벤의 청력손실은 오히려 창조력의 필수적인 전제

조건이었을 거라 말한다.

뇌가소성의 원리에 따라 청각 기능이 제한되는 경우 뇌는 다른 감각들과 인지 기능을 강화시키는 방향으로 재구성된다고 한다. 청각을 담당했던 뇌 영역이 시각, 촉각 같은 다른 감각을 처리하는 데 활용되기 시작한다는 거다. 그렇다면 그의 내면 세계가 더 깊어진 것과 청각은 어떤 관계가 없는 것일까?

우리는 끊임없는 외부 자극과 소음 속에서 내면의 소리를 듣기 어려운 환경에 살고 있다. 어떻게 내면의 소리에 귀 기울일 수 있을까? 바로 자신의 호흡에 집중해보는 거다. 여기서 호흡이란 '저절로 되는 호흡'을 '의식하는 호흡'으로 전환하는 것이다.

즉 숨을 들이마시고 내쉬는 순간에 집중해 보는 것이다. 그렇게 하면 분산되었던 의식의 흐름을 '지금의 나'에게 집중시키는 데 도움이 된다. 호흡에만 온전히 집중하다보면 다른 생각은 모두 없어진다. 이것을 단 3분이라도 바르게 할 수 있다면 마음이 한층 평온해지는 순간을 느낀다.

베토벤이 청각을 잃고 내면의 음악적 상상력을 강화했듯이 우리도 끊임없는 외부의 자극과 소음을 뒤로 하고 오직 호흡하는 것만 신경 써보는 거다. 숨에 집중을 하다 보면 생각이 멈춘다. 꾸준히 하다보면 호흡도 길어지고 스스로에게 몰입할 수 있는 경험을 할 수 있다.

호흡은 음악에서도 중요한 요소다. 호흡은 음악을 끌어가는 힘이다. 말을 할 때 어디에서 끊고 이어갈지, 깊은 호흡을 할지, 얕은 호흡으로 끊으면서 갈지 조절하듯이 음악도 그렇다. 프레이징을 잘 살려서 연주한다는 말은 호흡을 잘 조절하며 연주한다는 뜻이다. 자신의 호흡이 곡의 호흡과 자유롭게 조절이 되면 음악적 표현은 한층 더 자유롭고 깊어진다.

일상의 호흡을 '의식적인 호흡'으로 전환할 때 스스로의 몸과 마음에 더 깊이 머물게 되고 '지금'에 머물 수 있으며 그것을 반복하다보면 내면을 오롯이 바라볼 수 있는 힘도 생긴다.

호흡은 단순히 생명 유지를 위한 무의식적 행위가 아니라 자기 성찰과 집중력 향상을 위한 기술이다. 내쉬는 숨을 의식하는 것만으로도 자신을 내면으로 인도하는 강력한 도구가 되기 충분하다. 달리기 후 가빠진 숨을 고르기 위해 잠시 멈추어서 내쉬는 숨에 집중하면 호흡이 편해지고 머리가 맑아지는 것처럼, 일상에서도 의식적인 호흡은 편안한 마음으로 잡념을 쫓고 온전히 스스로를 바라볼 수 있는 방법이다.

스스로를 조절하는 힘은 호흡에서 나온다. 숨으로 의식을 갖고 오기만 해도 오만 가지 생각에서 벗어날 수 있고 감정이 격해질 때도 내쉬는 숨에 집중하면 감정이 스르르 풀리는 것을 느낀다.

베토벤이 청각 장애에도 불구하고 자신의 내면에 집중하여 위대한 작품을 창조했듯이 우리도 호흡을 통해 외부 환경의 방해를 줄이고 내면의 소리에 집중할 수 있다. 호흡을 바라보는 것은 단순한 생리적 기능을 넘어 삶의 주인이 되는 기술이라는 생각이 든다.

베토벤의 음악에는 그의 호흡이 담겨 있다. 그의 작품에서 느껴지는 긴장과 이완, 절정과 침묵이 베토벤의 호흡이고 음악이다. 그의 작품은 베토벤의 의식적 호흡의 리듬과 같다.

매일 잠깐이라도 의식적인 호흡을 통해 내면의 소리에 귀 기울이는 시간을 가진다면 베토벤처럼 깊은 자기 성찰과 창조성을 경험할 수 있는 기회가 오지 않을까. 실패와 좌절의 순간, 성취와 기쁨의 순간, 어떤 순간에도 자신을 알아차리고, 그 과정에서 새로운 영감과 지혜를 발견할 수 있다면 멋진 삶이 될 것이다.

베토벤이 청각 장애라는 시련에 좌절하지 않고 오히려 그 아픔을 통해 더 깊은 내면의 음악을 발견했듯이 호흡을 통한 내면 성찰로 삶의 진정한 리듬을 찾을 때 우리도 자신만의 독창적인 '인생 교향곡'을 작곡해 나길 수 있을 거라 믿는다.

피아노 소나타 No.15 Op.28 '전원'

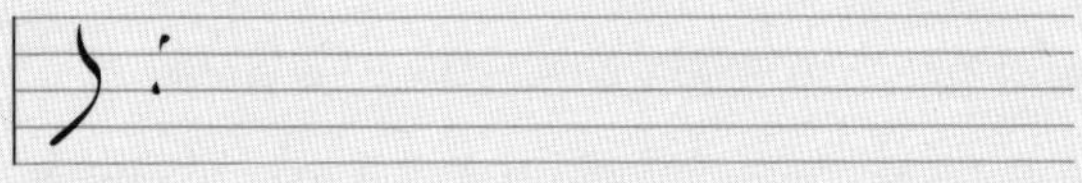

전원 소나타는 전원 교향곡처럼 베토벤이 지은 제목이 아니다. 베토벤 사후 출판사에서 평화롭고 목가적인 분위기를 강조하기 위해 붙인 제목이다. 이 곡은 베토벤의 청력이 점점 악화되는 초기에 작곡되었고, 그의 내면의 고통을 음악으로 승화시켜 평화로움과 안정감을 주는 곡이다.

피아노: 머레이 페라이어Murray Perahia

침묵이 더 중요할 때가 있다

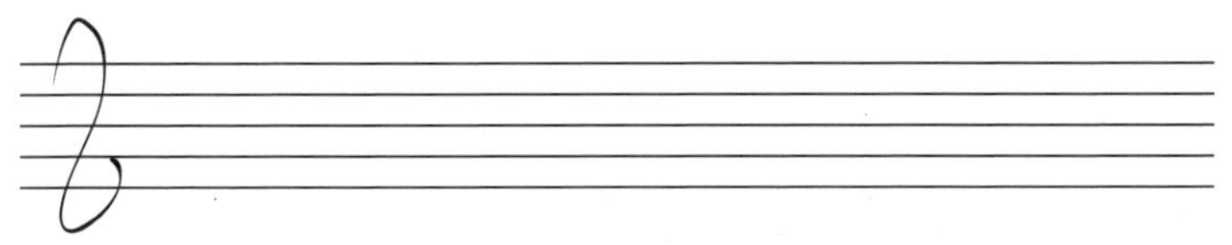

음악이 크게 들리는 카페에 있다고 상상해보자. 갑자기 음악 소리가 뚝 끊긴다면 어떨까? 강연자가 한참 강의를 하다가 몇 초간 갑자기 말을 하지 않는다면 무슨 일인가 궁금하지 않을까? 몇 초간의 침묵이 오히려 사람들의 주의를 집중시킬 수도 있다. 소리보다 침묵이 강하다는 말도 있지 않은가.

음악은 '음표 사이의 침묵' 속에서 창조된다. 쉼표는 음표 사이 침묵을 만드는 음악 기호다. 짧은 쉼표부터 전체마디를 쉬는 쉼표까지 쉼표의 종류와 길이는 다양하다. 쉼표는 음악의 흐름을 강조하기도 하고, 궁금함을 유발하기도 하고, 다음 패시지나 다음 악장으로 가기 전 흐름을 자연스럽게 하기도 한다.

침묵이 만들어내는 효과는 소리의 부재를 넘어 다음에 나올 음악에 대한 호기심과 기대, 갑작스러운 놀라움이나 궁금함 같은 극적, 감정적 전환을 가져온다. 잠깐의 멈춤은 지금까지의 음악에 대한 감정을 정리하면서 환기가 되기도 하고 이어서 들려줄 음악에 대한 전환점을 가져온다.

말을 할 때도 적절한 순간의 침묵은 듣는 사람을 집중시킨다. 빠르게 속사포처럼 쏟아내듯 하는 말보다는 중간중간에 포즈를 주면 전달력도 커진다. 강조하고 싶은 말이 있다면 그 말의 앞 또는 뒤 몇 초간의 포즈로 상대의 귀를 더 쫑긋 열고 집중하게 만든다.

『사람을 움직이는 말의 힘』을 쓴 작가 존 맥스웰은 "침묵은 중요한 문장에 긋는 밑줄이다"라고 말했다. 50년간 리더십 육성과 말하기 교육을 해 오면서 터득한 '잠시 멈춤' 방법은 사람들에게 정신적, 심적으로 반응할 시간과 공간을 내어줘서 오히려 효과적인 소통을 가져온다고 했다.

베토벤은 침묵과 음 사이의 공간을 누구보다 잘 사용했다. 쉼표는 극적인 긴장을 주기 위해서, 호기심과 궁금함을 주기 위해서, 이전과 다음 패시지의 구분을 위해 사용되었다.

비창 소나타 1악장 'Grave' 부분에서 느리고 장엄하게 연주하는 멜로디 사이사이에 나오는 8분 쉼표는 이미 긴장감을 주는 선율을 더 긴장감 넘치게 들리도록 한다. 1악장 맨 마지막 마디는 쉼표로 끝냈지만 다음 한마디를 온쉼표와 그 위에 페르마타*를 붙여서 악보 상의 곡이 끝난 후에도 음악적 여운이 길게 남도록 했다.

베토벤은 피아노 소나타 1번 작품 번호 2의 1번(Op.2 No.1)의 1악장, 2악장, 4악장의 마지막 음 다음에도 온쉼표(▬) 위에 페르마타(⌢)*를 표시해서 연주자와 청중 모두에게 긴 침묵의 시간을 제공한다. 온쉼표는 전체 마디를 쉬는 쉼표다. 그 쉼표 위에 페르마타를 표시함으로써 곡의 여운을 길게 남게 하고 다음 악장으로의 새로운 전환을 가져온다.

피아노 소나타 8번 작품 번호 13(Op.13) '비창' 1악장에서도 같은 예를 찾을 수 있다. 마지막 음 연주 후 곧 뒤를 이어 한 마디를 모두 쉬는 온쉼표, 그리고 페르마타까지 더해져 오랜 시간의 침묵으로 끝난다. 여운을 상상해보라. 1악장의 마지막 'Grave' 부분은 선율과 선율 사이의 침묵이 더욱 장중하고 엄숙하게 느껴진다.

침묵이 음악의 일부가 되어 '들리지 않지만 들리는' 효과를 준다. 연주자는 건반에서 손을 떼지 않고 침묵을 바라보며 곡의 여운을 유지한다. 여운이 없어질 때까지 침묵을 바라본다.

종결부 쉼표와 페르마타는 단순한 마무리가 아니라 감정의 잔상과 극적인 긴장을 해소하는 수단으로 쓰인다. 베토벤은 침묵을 음과 동등하게 다루었고 쉼표와 페르마타를 함께 쓰는 표기법은 침

* 음표나 쉼표 위에 그려서 길이의 2-3배 길게 연주하거나 쉬라는 음악 기호

묵의 중요성을 악보에 명확히 표시하려는 의도였다고 볼 수 있다.

종결부뿐 아니라 곡의 중간에서도 침묵을 사용했다. 긴장감과 몰입감이 생기는 대표적인 예로 베토벤의 피아노 소나타 31번 작품 번호 110(Op.110) 2악장이 있다. 2악장이 시작되고 얼마 지나지 않아 격렬히 흐르던 리듬이 갑자기 두 마디를 통째로 멈추며 분위기가 반전되는 구간이다. 빠르게 움직이던 리듬이 돌연히 사라지고 정적이 되면 알 수 없는 긴장감과 몰입감이 생긴다. 이후 전혀 다른 리듬이 등장하면서 새로운 분위기를 만든다. 두 마디의 '침묵'이 해낸 일이다.

베토벤은 침묵을 하나의 음과 동등하게 중요한 음악적 재료로 사용했다. 베토벤의 작품에서는 마지막 음 연주 후 페르마타가 있는 쉼표 또는 한 마디 전체를 쉬는 쉼표가 자주 나타나는데, 이전 고전주의 작곡가들과 달리 침묵을 통해 곡의 완결감과 여운을 극적으로 증폭시킨 시도라고 할 수 있다.

베토벤 후기 작품으로 갈수록 곡의 중간에도 페르마타를 사용하면서 다음 음악으로의 새로운 전환과 청중의 집중을 끌어내는 효과를 주기도 한다. 침묵이 주는 무언의 힘을 피아노 소나타 작품 번호 110의 2악장을 들으며 느껴보자.

피아노 소나타 No.31 Op.110 2악장

2악장은 빠른 템포와 유쾌한 분위기의 스케르초 형식. 경쾌
하면서도 다소 거친 느낌의 리듬과 선율이 특징. 갑작스럽게
나오는 침묵의 힘을 느껴보자.

연주: 리차드 구드Richard Goode

창조는 발명이 아니다
이미 있는 것을 발전시키는 것이다

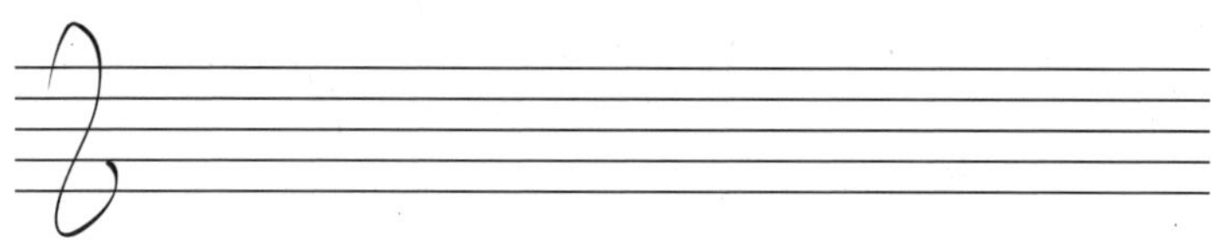

1908년 토마스 에디슨은 워싱턴 포스트와의 인터뷰에서 발명의 시대가 저물어 가고 있는지 묻는 질문에 "아직 시작도 하지 않았다"라는 말을 남겼다. 우리는 에디슨이 최초로 전구를 발명한 인물이라고 알고 있지만 사실은 이미 있었던 것을 일상에 사용할 수 있는 더 나은 제품으로 발전시킨 것이었다.

'고전시대' 하면 떠오르는 장르인 '소나타'도 훨씬 더 이전 시대부터 있었다. 르네상스 시대 이탈리아 작곡가 가브리엘리 Giovanni Gabrieli가 1597년에 작곡한 '소나타 피아노 에 포르테 Sonata pian' e forte'에서 '소나타'라는 단어를 처음으로 사용했다.

'작게piano'와 '크게forte'라는 다이나믹 표기를 악보에 처음으로 명시한 곡이기도 하다.

가브리엘리가 처음 사용한 '소나타'라는 의미는 성악곡 형식인 '칸타타'와 구분되어 '기악으로만 연주하는 음악'이라는 뜻을 담고 있다. 노래와 기악 연주의 구분이 필요해 '소나타'라는 용어를 쓴 것이다.

이후 바로크 시대 이탈리아 작곡가 코렐리와 스카를랏티가 소나타 작곡을 이어간다. 코렐리는 실내 소나타와 교회 소나타로 구분해서 작곡했다. 실내 소나타는 궁정이나 살롱에서 연회나 파티 때 연주하는 소나타, 교회 소나타는 종교의식을 위해 쓰여진 소나타다. 코렐리의 실내 소나타에 주로 사용했던 춤곡인 알라망드, 쿠랑트, 사라방드, 지그는 바흐의 파르티타Partita와 모음곡Suites에서 다양하게 쓰였다. 동시대 작곡가인 헨델, 스카를랏티도 코렐리의 영향을 많이 받았다.

500곡 이상의 건반악기 소나타를 작곡한 스카를랏티는 주로 한 악장 구성의 짧은 소나타를 작곡했다. 한 악장으로 구성된 소나타는 두 부분으로 나뉘어 서로 대조되는 주제로 전개되었는데 이는 '고전 소나타 형식'의 전신이라 할 만큼 고전, 낭만시대 소나타에 많은 영향을 끼쳤다.

먼저 '소나타'와 '소나타 형식'은 다른 개념임을 짚고 넘어가고 싶다. 소나타는 가사 없이 악기만으로 연주되는 기악곡의 한 종류이고, 소나타 형식은 곡의 주제를 제시하고 발전시켜 곡이 끝날 때쯤 다시 주제를 불러오는 '형식'을 말한다. 자동차를 예로 들면 '소나타'라 불리는 자동차 '종류'가 '소나타'라면, 자동차 내부의 다양한 기관이 특정한 방식과 형태를 따르는 것을 '소나타 형식'이라 비유할 수 있겠다.

이후 고전주의 시대를 대표하는 작곡가 하이든과 모차르트에게 소나타는 중요한 위치를 차지한다. 52곡의 소나타를 작곡하고 소나타 형식의 틀과 구조를 만든 작곡가가 하이든이라면 18곡의 소나타를 작곡하고 구조와 틀 안에서 선율의 아름다움과 극적인 대비를 통해 음악적인 완성도를 생각한 사람이 모차르트다.

하이든이 소나타 형식을 탄탄히 설계했다면 모차르트는 그 구조를 바탕으로 선율적 아름다움과 극적인 표현으로 생명을 불어넣었다. 하이든의 구조적 접근과 모차르트의 음악적 세련미는 모두 베토벤의 소나타 발전에 중요한 밑거름이 되었다.

에디슨이 발명된 전구를 대중적으로 보급할 수 있는 제품으로 개발한 것과 같이 이미 르네상스 시대부터 있었던 '소나타'라는 장르가 고전시대에 와서 더욱 빛을 발휘할 수 있었던 거다.

베토벤은 '소나타 형식'의 전통적인 전형을 기본으로 새로운 시도를 하면서 '소나타'에 대한 고정관념을 무너뜨린 혁신가였다. 느리고 몽환적인 1악장으로 시작해 폭풍 같은 질주로 3악장을 끝내는 '월광 소나타', 극도로 복잡한 테크닉을 요구해서 당시 연주 불가능하다는 평을 받았고 4악장의 푸가 또한 너무 난해해서 어느 누구도 좋아할 수 없는 곡이라고 평가되었던 '함머클라비어 소나타' 등이 대표적이다.

기존의 형식에 머무르지 않았던 베토벤의 독창적인 소나타는 당시에는 혹평을 받았지만 후대 음악가들에게 많은 영향을 끼쳤고 특히 후기 소나타는 베토벤의 예술적 정점을 찍은 작품으로 추앙받고 있다.

베토벤 피아노 소나타는 그의 음악 인생 변화를 한 번에 바라볼 수 있는 파노라마로 '예술적 자서전'이라고 부를 수 있을 것이다. 그는 선배 작곡가로부터 배운 소나타를 자신만의 스타일로 발전시켰고 후기로 갈수록 좀 더 실험적이고 대담하며 감정을 적극적으로 담은 소나타를 남겼다.

베토벤의 소나타는 슈베르트, 슈만, 브람스, 리스트 같은 낭만주의 시대 후배 작곡가들에게 형식에 얽매이는 장르가 아닌 작곡가의 감정과 사상을 적극적으로 담아낼 수 있는 또다른 가능성으로 받아들여졌다.

누군가의 시작은 미미할 수 있지만 그것을 어떤 관점에서 바라보느냐에 따라 시대를 거듭나며 발전하면서 장르로 자리잡을 수 있다. 에디슨의 전구는 인류의 생활에 큰 변화를 가져왔고, 베토벤의 소나타는 후대 작곡가들이 이어 나갈 소나타 장르의 발전을 불러와 음악계에 한 획을 그었다.

피아노 소나타 No.25 Op.79

작은 규모의 소나타. 출판사에 보낸 편지에 이 곡을 "쉬운 소나타 또는 소나티네라고 해달라"고 쓰여있다. 누구에게도 헌정되지 않은 소나타로 1악장 중간에 뻐꾸기 울음소리와 같은 악상이 등장해서 '뻐꾸기'라는 애칭으로 불리기도 한다.

피아노: 손민수 Minsoo Sohn

인생의 진짜 자산은 사람이다
1. 체르니

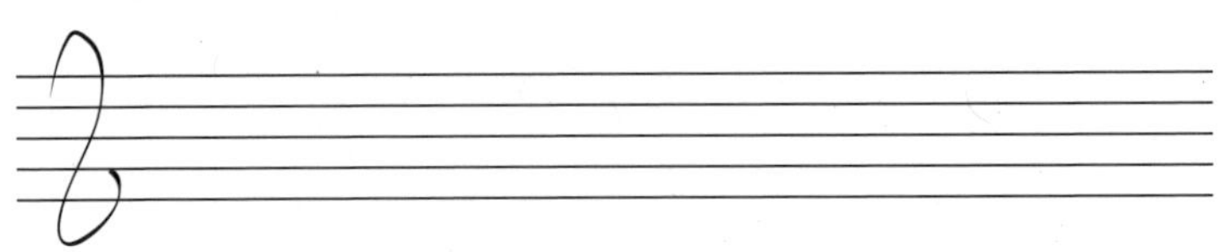

체르니 100번, 체르니 30번 같은 체르니 연습곡은 피아노 학원에서 터줏대감처럼 자리잡은 피아노 교재로 유명하다. 초보부터 전문가 수준까지 체계적인 피아노 테크닉 교재를 만든 체르니는 베토벤의 제자였다.

체르니Carl Czerny가 음악 교육적으로 단계별 연습곡을 쓸 수 있었던 것은 베토벤의 영향도 상당히 컸다고 할 수 있다. 체르니는 베토벤을 만나기 전부터 그가 출판한 작품을 구해서 연습했고 베토벤 숭배자가 되었다. 체르니가 10살 때 베토벤을 만났다. 베토벤을 처음 만난 그 날 체르니는 '비창 소나타'와 '아델라이데'를 능숙하고 열정적으로 연주했다. 그 모습을 보고 베토벤은 체르니를 그 자리에서 제자로 기꺼이 받아들였다.

체르니와 베토벤의 관계는 베토벤이 죽을 때까지 이어졌고 베토벤의 새로운 작품이 출판될 때 마다 체르니는 작품 교정에 참여했으며, 베토벤의 유일한 오페라 '피델리오'의 편곡을 맡기도 했다. 뿐만 아니라 체르니는 베토벤 조카 카를의 피아노 레슨을 맡기도 했다.

어떤 분야를 배울 때 스승은 꽤 많은 부분을 차지한다. 특히 음악 분야는 사제지간이 전부라고 할 수 있을 정도다. 스승과 제자의 관계가 적게는 1~2년, 많게는 어릴 때부터 성인이 되기까지, 또는 전문 연주자가 되고 나서도 유지되는 경우가 많다.

자녀의 공부나 피아노를 가르칠 때 가장 좋은 선생을 구하고 싶은 부모 마음처럼 베토벤이 아들처럼 여긴 조카 카를의 선생을 체르니로 선택했다는 것은 의미가 있다. 음악을 가르치는 실력에 대한 인정뿐 아니라 '사람'에 대한 신뢰가 바탕이 되어 체르니를 선택한 것이라 볼 수 있다.

가르치는 사람은 음악 이론과 기술뿐 아니라 배우는 사람의 생각과 개성을 고려해서 피드백과 영감을 주는 존재다. 특히 1 대 1 개인 레슨으로 주로 이루어지는 음악은 어떤 스승을 만나느냐가 음악가로서의 커리어뿐 아니라 인생에 지대한 영향을 미칠 가능성이 높다.

음악 교육에서 스승과 제자는 단순한 지식과 기술 전달이 아닌 마음을 나누면서 신뢰를 쌓아가는 '동행자'라고 할 수 있다. 스승과 제자의 관계는 자연스럽게 깊어질 수밖에 없고, 제자의 성장이 스승에게 영감을 주기도 한다.

체르니는 베토벤으로부터 직접 피아노를 배웠기 때문에 그의 해석, 테크닉, 음악적 정신을 가장 가까이서 전수받을 수 있었다. 베토벤의 연주 방법에 대해 구체적 증언을 남겼고, 베토벤의 리듬, 템포, 연주방식을 다음 세대에 정확하게 전달하려고 했다. 베토벤의 음악이 악보를 넘어 '살아 있는 예술'로 계승될 수 있었던 것은 체르니의 역할이 컸다.

체르니는 "모차르트는 레기토보다 스타카토에 더 기초를 둔, 명료하고 눈에 띄게 훌륭한 연주, 위트 있고 활기찬 진행, 페달은 드물게 사용하며 필수적으로 사용해야만 하는 경우는 없다"라고 얘기한 반면 "베토벤은 특유의 열정적인 힘과 부드러운 칸타빌레의 모든 매력이 교체해서 나타나는 것이 눈에 띄는 특징이다"라고 두 거장에 대한 의견을 남긴 바 있다.

체르니는 베토벤의 조카 카를을 가르칠 만큼 베토벤이 인정한 뛰어난 음악 교사로서의 자질을 갖추었고 이후 수많은 제자를 배출했다. 그 중 리스트, 레셰티츠키는 체르니의 대표적인 제자들이다. 그들은 체르니로부터 베토벤의 곡을 직접 듣고 배우며 베토벤의 음악에 대한 이해가 높았다.

갓 쓰인 명곡도 작곡가의 의도대로 해석하고, 연주하고, 가르치는 '사람'이 없다면 결국 잊혀지고 변형된다. 체르니는 베토벤의 음악과 그의 연주법을 알리는 데 기여했고 체르니가 피아노 테크닉을 위해 만든 곡들은 지금까지도 피아노 교재로 쓰이고 있다. 물론 체르니 연습곡이 피아노를 중간에 그만두게 하는 허들로서의 역할 또한 하고 있지만 말이다.

체르니가 베토벤을 숭배하고 존경한 만큼 베토벤은 체르니를 통해 심리적 안정을 느꼈다. 체르니는 베토벤 곁에서 악보를 필사하고 정리하며 초연에도 도움을 줬다. 빈에서의 황제 협주곡 초연 연주자는 체르니였다. 체르니의 존재 자체가 당시 베토벤에겐 든든한 '인적 자산'이었다.

결국 베토벤이 음악가로서 남긴 거대한 유산 뒤에는 체르니라는 '사람'이 있었기에 가능했다. 악보만으로는 유지될 수 없는 예술의 생명력을 최고의 인적 자산이자 제자인 체르니가 증명한 셈이다. 뉴욕 타임스 음악 비평가였던 해롤드 쇤베르크가 "베토벤은 체르니를 가르쳤고, 체르니는 리스트와 레세티츠키를 가르쳤으며, 리스트와 레세티츠키는 세상의 모든 피아니스트를 가르쳤다"라고 평한 것을 봐도 체르니가 후대 피아니스트들에게 끼친 영향은 꽤 크다고 볼 수 있다.

　체르니 연습곡 30번을 시작하다가 피아노를 그만두었거나, 그만두고 싶어하는 사람들에게 이 얘기는 꼭 하고 싶다. 예비 피아니스트들에게 특별히 이 얘기를 들려주고 싶다. 현재 연주자로 활동하고 있는 피아니스트들이 체르니 연습곡을 모두 쳤을 거라는 생각은 착각일 수 있다는 사실. 나도, 내가 아는 피아니스트들도 체르니 연습곡을 모두 다 친 사람은 없다.

가곡 Op.46 '아델라이데'

베토벤이 처음 만난 체르니에게 '아델라이데' 악보를 건네주며 연주해보라고 했을 때 체르니는 이를 완벽하게 연주했다는 기록이 있다. 아델라이데는 작곡 당시 사람들에게 인기 있었던 곡으로 단독으로 출판되었다. 그 시대에 한 곡의 단독 출판은 드물었으니 이 곡이 얼마나 인기가 있었는지 예상할 수 있다. 아델라이데는 독일의 시인 프리드리히 폰 마티손 Friedrich von Matthisson이 쓴 '아델라이데'라는 시를 음악으로 만든 작품이다. 마티손에게 헌정한 이 작품은 베도벤이 오랜 시간에 걸쳐 공들여 작업한 만큼 그가 가장 좋아했던 작품 중 하나다. 마티손도 자신의 시를 아름다운 곡으로 만든 것에 감명을 받았고, 베토벤의 멜로디가 시의 아름다움을 뛰어넘었다고 극찬하기까지 했다.

바리톤: 디트리히 피셔-디스카우 Dietrich Fischer-Dieskau
피아노: 볼프강 자발리쉬 Wolfgang Sawallisch

인생의 진짜 자산은 사람이다

2. 페르디난트 리스

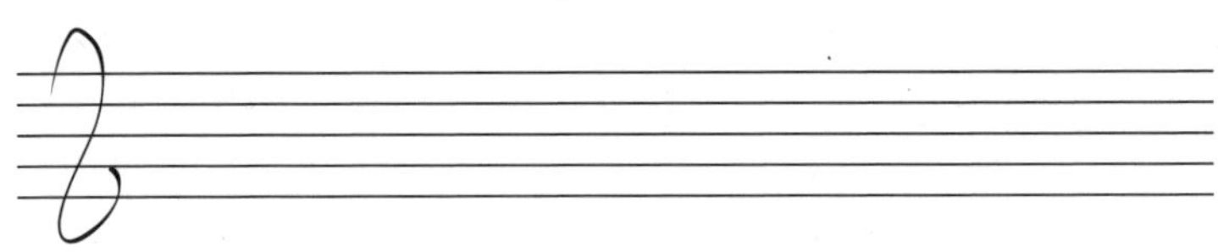

페르디난트 리스Ferdinand Ries는 어릴적 베토벤이 바이올린을 배웠던 프란츠 안톤 리스Franz Anton Ries의 아들이다. 베토벤이 빈으로 옮겨 정착할 무렵부터 페르디난트 리스는 베토벤의 제자이자 악보 필사자이면서 악보 출판과 관련한 업무를 도와주던 비서이기도 했다. 베토벤이 손수 쓴 악보는 알아보기 힘들 정도로 악필인 경우가 많아서 베토벤의 자필 악보를 깨끗하고 정확히 옮겨 적어서 출판사에 보낼 필요가 있었다.

영화 〈카핑 베토벤Copying Beethoven〉은 베토벤의 마지막 교향곡 '합창'을 작곡하고 초연하는 과정을 배경으로 한다. 이 영화는 악보 필사자 안나 홀츠의 시선으로 베토벤의 마지막 시기를 그려낸다. 작곡을 전공한 안나가 베토벤의 필사자로 일하게 되고, 그가 그녀를 제자로 받아들이면서 둘 사이에 예술적 교감이 싹튼다.

안나는 영화 속 가상의 인물이지만, 실제 베토벤에게는 여러 명의 필사자가 있었다. 당시 작곡가들에게 필사자는 필수적인 존재였다. 작곡가가 휘갈겨 쓴 악보를 연주자들이 읽을 수 있도록 깨끗하게 옮겨 적는 일은 생각보다 중요했다. 베토벤에게는 여러 필사자가 있었지만 후대에 음악가로서도 이름을 남긴 제자 겸 필사자는 페르디난트 리스와 카를 체르니가 대표적이다.

베토벤은 리스에게 직접 피아노와 작곡을 가르쳤다. 리스는 단순한 필사자를 넘어 베토벤의 비서이자 가장 가까운 제자였다.

20세가 되면서 리스는 데뷔 무대를 가졌다. 그는 베토벤의 피아노 협주곡 3번을 연주했는데 스승의 곡에 자신이 직접 작곡한 카덴차를 선보였다. 당시 평론가들은 "매우 시적이고 표현력 있는 연주"라며 극찬했다. 베토벤이 자신의 협주곡에 제자가 작곡한 카덴차를 허락했다는 것만으로도 리스의 재능이 뛰어났음을 짐작할 수 있다. 베토벤이 세상을 떠난 후 리스는 스승의 가장 친한 친구였던 프란츠 베겔러와 함께 회고록을 집필했다. 1838년 출간된 『베겔러와 리스의 베토벤 회고록Beethoven Remembered: The Biographical Notes of Franz Wegeler and Ferdinand Ries』은 베토벤의 일화와 작업 방식, 인간적 면모를 생생하게 전한다. 두 사람이 남긴 증언은 오늘날 베토벤 연구에 있어 매우 귀한 자료로 평가받는다. 무엇보다 이 회고록은 천재 작곡가의 모습뿐 아니라 그의 열정, 폭발적인 성격, 청력 상실로 인한 고통 등을 생생하게 전하면서 인간 베토벤의 모습까지 담고 있다.

페르디난트 리스는 독일에서 태어났지만 유럽 전역에서 활동했고 특히 영국에는 11년이나 머물렀다. 영국에서 연주자, 작곡가, 음악 교사로서 상당한 명성을 얻었으며 베토벤의 작품을 영국에 소개하는 데 큰 공헌을 했다. 베토벤은 리스에게 자신의 악보를 직접 수정하도록 허락할 만큼 그를 신뢰했다. 리스는 단순한 제자를 넘어 영국의 출판업자들과 베토벤을 연결해 그의 작품들이 국제적으로 유통되도록 다리를 놓았다. 리스 덕분에 베토벤의 명성은 빈을 넘어 영국과 유럽 전역으로 확대될 수 있었다.

페르디난트 리스는 제자이자 필사자, 국제적 연결자, 때로는 매니저 역할까지 해낸 베토벤의 든든한 지원군이었다. 베토벤이 청력을 잃어가며 고립될 수 있었던 순간들 속에서 리스 같은 사람이 곁에 있었다는 것은 얼마나 큰 위안이었을까. 인생에서 진짜 자산은 결국 사람이다. 사람을 통해 우리는 세상과 연결되고 우리가 그리는 꿈과 목표에 더 가까워질 수 있다.

스승의 곡에 제자의 창작이 더해지면서 두 음악가의 깊은 신뢰와 예술적 교감을 보여준 리스의 데뷔 무대에 올렸던 베토벤 피아노 협주곡 3번을 들어보자.

피아노 협주곡 No.3 Op.37

베토벤이 이 곡을 초연할 때에도 피아노의 독주 파트는 작곡이 완성되지 않아 거의 즉흥연주로 했다. 악보가 완성된 1년 후 페르디난트 리스는 자신의 데뷔무대에 베토벤 피아노 협주곡 3번을 연주했으며 베토벤이 직접 지휘자로 나섰다.

피아노: 임윤찬 Yunchan Lim
지휘: 마린 알솝 Marin Alsop

당신에게 첫사랑이란?

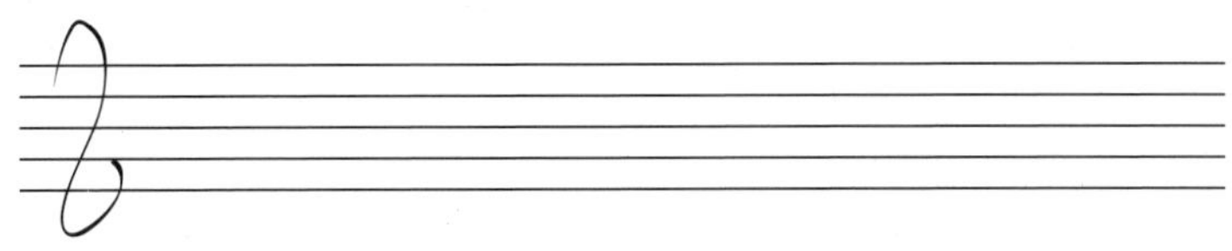

당신에게도 첫사랑이 있는가? 어릴 때 사랑은 설렘이었다. 그게 전부였다. 지금 돌아보니 '설렘'이라는 감정 자체로 소중한 경험이었던 것 같다. 베토벤에게노 그런 풋풋함, 설렘, 몽글몽글한 감정을 느꼈을 10대가 있었다. 베토벤은 평생 늘 누군가를 사랑하며 살았다. 요제피네 브룬스비크, 테레제 말파티, 줄리에타 귀차르데, 테레제 폰 브룬스비크, 안토니 브렌타노, 안나 마리 에르되디 백작 부인 등 많은 여인들이 베토벤의 곁을 스쳐갔다.

그 중 엘레오노레 브로이닝은 베토벤이 10대에 만나서 평생을 좋은 친구로 남았던 여인이다. 베토벤의 절친인 베겔러가 베토벤에게 브로이닝가를 소개했고, 13살에 이미 궁정 오르가니스트로 일을 하고 있었던 베토벤은 브로이닝가 자녀들의 피아노 선생을 하면서 그들과 자연스럽게 친해졌다. 베토벤은 브로이닝가와 가족처럼 친하게 지냈고 피아노 레슨을 했던 엘레오노레와는 더 친해질 수밖에 없었다. 감수성이 예민했던 10대의 베토벤에게 엘레오노레는 친구와 연인 사이의 특별한 사람으로 다가왔다. 엘레오노레는 베토벤의 첫사랑이었다.

존경하는 엘레오노레, 소중한 친구에게

이 도시에 머문 지 1년이 다 되어가는데 이제야 겨우 편지를 보냅니다. 당신은 언제나 내 마음 속에 있었습니다. (……) 당신에게 헌정하는 작품을 보냅니다. 그저 당신에게 중요하고 가치 있는 것이 되기를 바랄 뿐입니다. (……) 사랑하는 엘레오노레, 이 하찮은 작품을 받아 주고 당신을 고귀하게 존중하는 친구의 마음을 부디 알아주세요. 이것이 당신을 기쁘게 할 수만 있다면 나는 완전히 보상받은 것이나 다름없습니다.

이 편지는 빈으로 건너간 베토벤이 23살 엘레오노레에게 보낸 편지다.

첫사랑은 이루어지는 것이 아닌가 보다. 엘레오노레는 베토벤의 가장 친한 친구이자 서로를 소개해줬던 베겔러와 결혼을 한다. 결혼 후 셋의 관계는 어떻게 되었을까? 서로 친구였던 관계가 어색하고 불편한 사이가 되는 게 일반적일 텐데 베토벤은 두 친구와 계속 서신을 주고받으며 우정은 더 돈독해진다. 베토벤에게 엘레오노레와 베겔러는 각각 소중한 친구였기 때문이다.

어릴 적 풋풋했던 사랑과 우정 사이의 친구였던 엘레오노레는 베토벤이 그녀의 집을 방문할 때마다 따뜻한 가족의 사랑을 느낄 수 있게 해주었다. 베토벤에게는 정서적인 안정감을 가질 수 있었던 순간이었다. 빈으로 이주 후 엘레오노레에게 보낸 편지에 '오래전 약속한 소나타'를 언급했고, 음악학자들은 그 작품이 피아노 소나타 WoO* 51라고 말한다.

엘레오노레에게 헌정한 베토벤의 피아노 소나타 WoO 51는 사후에 출판되었다. 베토벤이 빈으로 이주하면서 새로운 환경에 적응해나가야 하는 상황에도 엘레오노레와의 약속을 위해 그녀에게 작품을 헌정한 것은 단순히 어릴 적 우정뿐 아니라 그가 베토벤에게 주었던 정서적인 안정감과 행복에 대한 감사의 표시였을 것이다.

첫사랑은 처음으로 이성이라는 감정을 느끼는 동시에 가까

---

* 독일어 Werke ohne Opuszahl의 약자로 '작품번호(Opus)가 없는 작품'을 의미.

이 지내고 싶은 친구 같은 존재다. 베토벤의 첫사랑 엘레오노레는 베토벤이 가져보지 못했던 가족의 따뜻함을 일깨워주었고 안정감을 느끼게 해준 고마운 사람이다. 그것을 사랑이라고 부르든, 우정이라고 부르든, 베토벤이 느꼈을 따스하고 고마운 마음은 다르지 않을 것이다. 그래서 누구든 어렸을 적 첫사랑을 떠올리면 입가에 미소가 지어지는 듯하다.

피아노 소나타 WoO 51

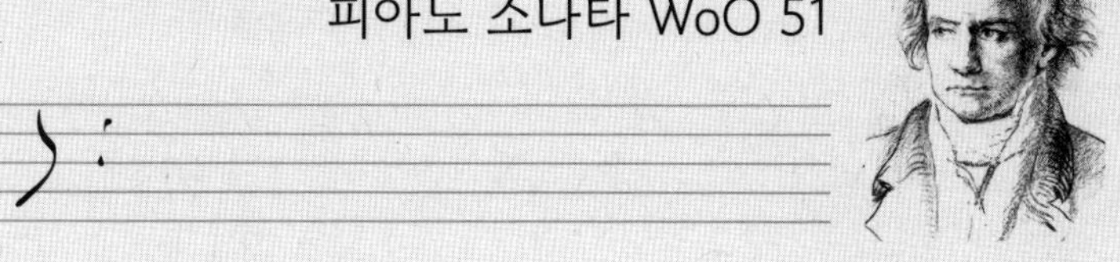

베토벤의 사후 발견되어 출판되었지만 그가 엘레오노레에게 남긴 편지로 그녀에게 헌정된 곡일거라 추측하며 '엘레오노레 소나타'라고 불린다.

 피아노: 예노 얀도 Jeno Jando

지금 이 순간을 살아라

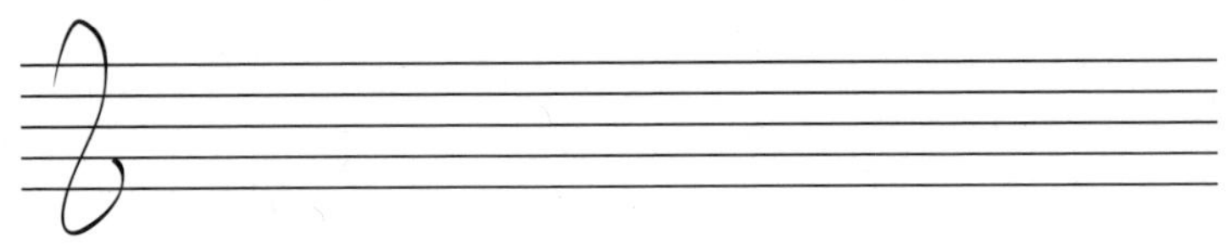

　21세기를 대표하는 영적 지도자이자 『지금 이 순간을 살아라』의 저자인 에크하르트 톨레는 "지금 이 순간 생생하게 깨어 있어야 한다. 불행까지도 생생하게 인식하고 관찰할 때 비로소 그것으로부터 자유로울 수 있다. 지금을 잃어버리는 것은 곧 존재를 잃어버리는 것이다"라고 했다.

　몸은 연습실에 있지만 마음은 한 곳에 머무르지 못하고 과거와 미래를 떠다닌 경험이 얼마나 많은지. 지금의 나로 돌아오기 위해 마음을 다잡지만 또 마음은 금세 다시 여행할 준비를 한다. 생각은 항시 떠날 준비가 되어있는 것 같다. 이 순간을 놓치지 않고 알아차리는 사람만이 지금 이 순간을 살아간다고 자신있게 말할 수 있다.

베토벤은 누구보다 '지금'에 충실했다. 젊은 나이에 청력을 상실하기 시작했지만, 좌절하기보다 자신의 처지를 받아들이고, 현재 상황에서 할 수 있는 최선을 음악이라는 결과물로 보여줬다. 보통 사람이라면 청력에 문제가 생긴 후 그렇지 않았던 과거를 그리워하며 낙담하거나 앞으로 어떻게 살아갈지 막막한 미래를 걱정했을 것이다.

그러나 베토벤은 자신의 불행을 인식하고 받아들이면서 불행으로부터 자유로울 수 있었다. 자신이 처한 불행을 직시하고 오히려 음악으로 그의 현재 감정을 음악으로 표현하는 데 온 마음을 다했다. 베토벤이 위대한 곡들을 남길 수 있었던 비결은 현재 잃은 것에 대한 실망과 걱정 대신 '지금 내가 가진 것으로 무엇을 할 수 있는가'에 집중했기 때문이다.

'지금'에 머물 수 있다는 건 현실에 안주한다는 얘기가 아니다. 매 순간을 현재로 살아가는 힘이다. 많은 현대인들이 오늘은 내일 일을 걱정하고 내일이 되면 이미 지나간 일을 걱정하는 패턴으로 '진정한 현재'를 누리지 못하는 삶을 살아가고 있다. '지금'에 머물고 있지 못한 시간이 우리에겐 얼마나 많은가. 예를 들면 가족들과 저녁 식사를 할 때 같은 공간에 있지만 머릿속은 각자의 생각들로 분주한 경우다. 식사를 함께 하고 있긴 하지만 현재의 식사시간에 머물고 있다고 할 수 없다.

베토벤은 육체적, 정신적으로 힘든 상황에서도 미래에 대한 불안보다 지금 내 앞에 놓인 환경과 감정에 더 집중했다. 절망 속에서 쓴 하일리겐슈타트 유서에서도 삶을 비관하지 않고 예술을 완성하겠다는 각오를 하며 '지금' 이 순간을 살았던 베토벤이다. 베토벤은 현재의 고통과 시련을 삶의 일부로 받아들이고 그 속에서 의미를 찾으려고 했다.

피아노 소나타 24번 작품 번호(Op.78) '테레제à Thérèse'는 1809년에 작곡된 작품으로 당시는 나폴레옹 군대가 빈을 포격해서 많은 사람들이 긴장과 불안 속에 지내던 시기였다. 그럼에도 '테레제' 소나타는 같은 시기에 작곡된 '열정' 소나타와는 전혀 다른 서정적이면서 안정과 위로를 느낄 수 있는 곡이다. 대혼란 속에서도 하루 빨리 평화적이고 희망적인 세상을 갈망하는 베토벤의 내면적 바람이 음악으로 표현되었다고 볼 수 있다.

그의 제자이자 불멸의 연인 리스트에 올랐던 테레제 폰 브룬스비크에게 헌정한 이 곡은 1악장이 고요한 선율의 흐름으로 시작해서 생기 있고 사랑스러운 2악장으로 마무리된다. 다른 소나타보다 짧고 간결한 2악장 구성이다. 베토벤은 슬픔이든 기쁨이든 지금 느껴지는 감정과 영감, 아이디어를 자신만의 음악 언어로 만들어냈다.

피아노 소나타 No.24 Op.78
'테레제'

1809년 나폴레옹 군대가 빈을 포격해서 많은 사람들이 긴장과 불안, 공포 속에 지낼 때 베토벤이 평화적이고 희망적인 세상을 갈망하는 마음을 담아 작곡된 소나타. 제자이자 불멸의 연인 리스트에 올랐던 테레제 폰 브룬스비크에게 헌정한 곡

피아노: 다니엘 바렌보임Daniel Barenboim

사랑, 애착 그리고 Self-Love

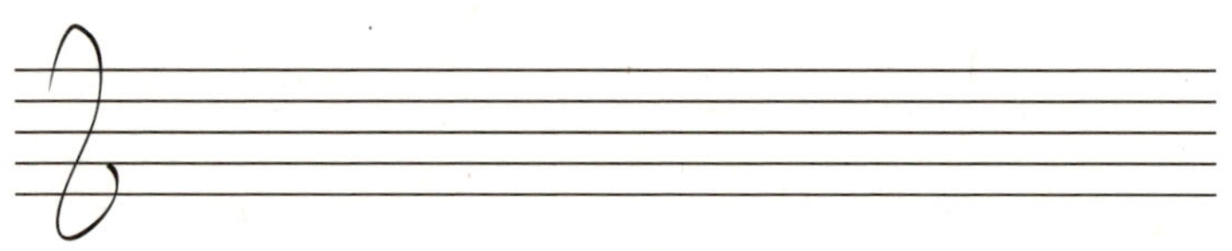

　'사랑'은 시대를 막론하고 전 인류에게 있어 가장 관심있는 주제 중 하나다. 연애 리얼리티 예능 프로그램이 장수 인기 콘텐츠가 되는 것만 봐도 알 수 있다.

　베토벤은 어떤 사랑을 했을까? 베토벤은 연애 고수였을까? 적어도 그가 사랑한다고 표현했던 여인으로 알려진 사람은 15명 이상 된다. 그가 남긴 편지를 보면 베토벤은 사랑에 잘 빠졌고, 이별을 하더라도 얼마 지나지 않아 또 다른 여인을 흠모하기도 했다는 것을 알 수 있다. 그의 사랑은 주로 일방적인 짝사랑의 형태였는데 상대가 대부분 신분이 높거나 이미 결혼한 상태인 경우가 많았기 때문이기도 하지만, 성장기에 안정적으로 애착 형성이 되지 못한 환경의 영향을 받은 것으로 보기도 한다.

심리학자 존 볼비John Bowlby의 애착 이론에 따르면 인간의 초기 애착 관계가 평생 동안 정서적 안정과 대인관계 패턴에 큰 영향을 미친다. 주 양육자와 안정적인 애착을 형성하면 성장 후에도 건강한 대인관계를 맺고 스트레스를 잘 조절할 수 있지만 불안정한 애착이 형성되면 사랑하는 사람과 안정적인 관계를 갖는 것이 어려울 수 있다고 보는 것이다. 베토벤이 사랑에 빠졌다가 헤어지고 또 다른 사람을 향하는 마음을 반복한 것도 애착 불안의 표출로 볼 수 있다.

그런 베토벤이 짝사랑만 했을 거라는 의심을 완전히 무너뜨린 편지가 있는데, 바로 '불멸의 연인'을 수신인으로 쓴 세 통의 편지다. 마침내 그가 이 편지에 직접 쓴 "사랑하고 사랑받는" 한 여인을 만났다는 사실을 알게 된 이후부터 오랜 세월이 흐른 지금까지도 음악 학자들과 전기 작가들이 과연 그녀가 누구일까에 대한 위대한 이론을 펼치고 있다. 그들이 내놓은 이론과 저서, 논문만 해도 큰 책장 하나를 가득 메울 정도로 각자가 말한 불멸의 연인이 그녀가 될 만한 근거를 앞다투어 내세웠다.

베토벤은 왜 그렇게 사랑을 갈망했을까?

베토벤의 유년 시절은 애착 형성에 매우 불리한 환경이었다.

아버지는 엄하고 다소 폭력적인 인물로 묘사되며 베토벤에게 정서적 안정보다는 압박을 주는 존재였다. 이런 상황은 베토벤이 성장기에 안정적인 안전 기지Safe Base를 갖지 못했음을 의미한다.

어린 시절의 상실과 불안을 보완하려는 무의식이 성인이 된 베토벤을 쉽게 사랑에 빠지게 한 건 아닐까. 애착 불안은 헤어지는 경험을 할 때마다 또 다른 사랑을 찾아 안정감을 되찾기를 반복하게 했다. 베토벤의 첫사랑 엘레오노레와의 관계도 그를 따뜻하게 맞이해주었던 그녀의 가족의 몫도 컸다.

베토벤은 사랑하고 헤어지고 다시 사랑에 빠지는 과정을 거치면서, 사랑이 단순히 누군가를 향한 감정이 아니라 자신을 이해하고 돌보는 여정임을 깨달았을 것이다. 그의 사랑은 어쩌면 자기 자신을 사랑하는 법을 배우는 시간이었을 것이다. 사랑을 통해 자신의 감정을 인정하고 포용하며 아픔마저도 받아들이는 힘을 얻게 되면서 사랑이 위대한 예술로 승화될 수 있었던 것이다.

사랑은 완벽하지 않다. 서로 상처 주고 상처받기도 하지만 그런 과정 속에서 진정한 사랑이 무엇인지 배워간다.

베토벤은 평생 사랑을 갈망했다. 유년 시절 불안정한 가정환경 속에서 제대로 받지 못했던 사랑을 성인이 되어 끊임없이 찾으려 했다. 하지만 그 사랑은 번번이 이루어지지 않았다.

사랑의 실패는 결코 헛되지 않았다. 베토벤은 타인에게서 사랑을 구하는 동안 자신을 사랑하는 법을 조금씩 배워갔다. 음악을 창조하며 자신의 내면과 깊이 마주했고, 그 과정에서 스스로를 온전히 받아들이는 법을 알게 되었다. 남에게서 사랑받기를 갈구하던 베토벤은 스스로를 사랑할 수 있는 사람이 되었고 비로소 진정한 사랑의 의미를 깨달았을 것이다.

타인에게서 사랑을 얻으려 애쓰면 늘 부족함을 느낀다. 하지만 스스로를 사랑할 줄 알게 되면 그 어떤 외로움 속에서도 홀로 설 수 있는 힘이 생긴다. 베토벤의 삶을 보면 알 수 있다. 진짜 사랑은 밖이 아닌 안에서 시작된다는 것을 배워갔다. 음악을 창조하며 자신의 내면과 깊이 마주했고, 그 과정에서 스스로를 온전히 받아들이는 법을 알게 되었다. 남에게서 사랑받기를 갈구하던 베토벤은 스스로를 사랑할 수 있는 사람이 되었고 비로소 진정한 사랑의 의미를 알게 되었다.

타인에게서 사랑을 얻으려 애쓰면 늘 부족함을 느낀다. 하지만 스스로를 사랑할 줄 알게 되면 그 어떤 외로움 속에서도 홀로 설 수 있는 힘이 생긴다. 베토벤의 삶을 보면 알 수 있다. 진짜 사랑은 밖이 아닌 안에서 시작된다는 것을.

피아노를 위한 안단테 WoO 57
'안단테 파보리'

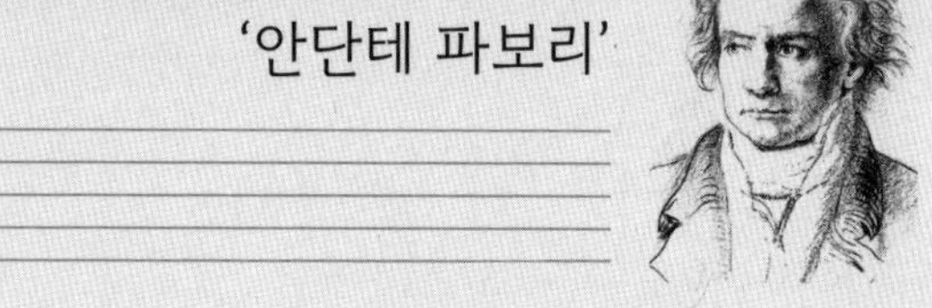

이 곡은 원래 '발트슈타인' 소나타의 2악장으로 작곡되었지만 길고 독특한 구조 때문에 독립된 작품으로 출판되었다. 베토벤이 특히 애착을 가졌던 곡이며 'favori'는 '사랑받는'이라는 뜻을 담고 있다. 유력한 불멸의 연인 후보였던 요제피네 폰 브룬스비크에게 헌정된 곡으로 차분하고 서정적인 곡이다.

피아노: 손민수 Minsoo Sohn

재능은 준비된 자를 위한 몫이다

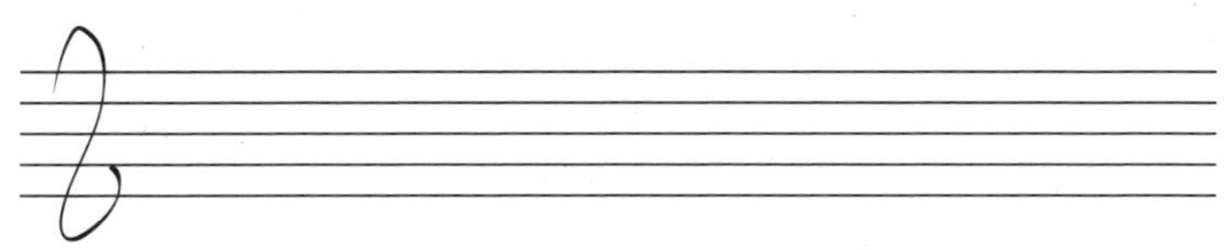

　　출중한 '음악적 재능'만 있다면 음악을 잘 할 수 있을까? 재능이라는 것을 단순히 '타고난 능력'이라는 관점에서 본다고 하더라도 타고난 것 하나만 믿고 실력을 쌓지 않는다면 음악계에서든 대중으로부터든 재능 있다고 평가할 만큼의 수준에 이르지 못 한다.

　　실제로 심리학적인 관점에서도 재능은 단순히 타고난 잠재력뿐 아니라 그 잠재력이 발휘될 수 있는 환경과 노력이 결합되어야 비로소 '재능이 발현'된다고 보고 있다. 재능은 하고자 하는 의지와 노력이 얼마나 있는지도 포함되는 것이다.

베토벤이 음악에 뛰어난 재능이 있었다는 얘기는 타고난 잠재력과 환경, 그리고 그의 꾸준한 노력 삼박자가 만나 재능으로 발현되었다는 말이다. 음악가 집안에서 태어났고 아버지의 혹독한 음악교육을 받았으며 스스로의 끊임없는 노력이 베토벤의 음악적 잠재력과 만나 위대한 음악가가 탄생한 것이다.

베토벤이 평생동안 작곡한 32곡의 피아노 소나타만 봐도 청년 시절 작곡한 소나타와 중년이 되어 작곡한 소나타는 현저히 다르다. 초기 소나타에서는 하이든과 모차르트의 영향을 받아 간결하고 명확한 주제를 제시하고 그 주제를 다양한 변주로 확장시키면서 전통적인 소나타 형식을 따랐다.

중기로 갈수록 악장수에 변화를 주기도 했고, 다양한 춤곡, 변주곡 같은 다른 장르의 곡을 삽입해서 변화를 주기도 했다. 후기에는 고전주의 틀을 벗어나 낭만주의 시대의 문을 열었다고 할 만큼 자유롭고 혁신적인 작품을 만들었다. 베토벤은 평생동안 '소나타'라는 한 장르로 다양한 음악적 시도를 해서 그만의 독특한 음악 스타일로 다음 세대 음악가들에게 영향을 끼친 낭만주의 개척자가 되었다.

'1만 시간의 법칙'을 주장한 작가 말콤 글래드웰Malcolm Gladwell은 "연습은 잘 될 때까지 하는 게 아니다. 더 발전할 때까지 하는 것이다"라고 말했다. 자신의 재능을 인정받고 그 분야에서 위대한 사람이 된다는 것은 성장을 멈추지 않는 연습과 훈련에서 나온다. 익숙해지고 잘한다고 안주하는 것이 아니라 계속 연습하고 훈련해야 진정한 성장이 이루어진다. 연습과 훈련을 꾸준히 반복적으로 할 때 재능을 발휘할 수 있게 되고, 그 분야에서 어느 누구와도 비교할 수 없는 독보적인 존재가 될 수 있다.

베토벤이 창작한 악구는 '모순되는' 음악적 요구를 위해 많은 연습이 필요하다. '아주 작게pp'라고 쓰여 있지만 창백한 소리로 갸날프게 들리는 작은 소리가 아니다. 때로는 내면에서 탄식을 하듯 나오는 소리로 연주해야 할 때도 있고, 작지만 깊고 울림 있게 연주해야 할 때도 있다. 소리를 찾아가는 여정이 연습이고, 연습은 반복적이지만 매번 다르다.

베토벤은 어딜 가든 메모지를 들고 다녔다. 그의 메모 습관은 순간순간 떠오르는 음악적 영감을 체계적으로 저장할 수 있는 유일한 방법이었다. 단순한 작은 동기나 선율이 기존의 음악 형식대신 새로운 전개와 구조를 가질 수 있는 베토벤만의 독특하고 깊이 있는 음악을 창조할 수 있는 재료가 되었다.

베토벤 소나타 32번 작품 번호 111(Op.111)은 베토벤이 작곡한 32곡의 피아노 소나타 중 마지막 작품이다. 베토벤이 작곡 초안이나 아이디어를 적고 발전시키기 위해 사용한 '스케치북'은 그가 남긴 여러 악상의 초기 형태, 변화와 발전 과정을 볼 수 있는 귀한 자료다. 소나타 32번(Op.32)을 창작하는 과정에서 약 60페이지에 달하는 악상과 아이디어를 적은 스케치북이 보존되어 있다.

그의 메모지, 노트, 스케치북은 어디든 손에 쉽게 닿는 곳에 있었고 음악적 아이디어가 생각나면 바로 메모할 수 있게 했다. 베토벤의 창작에도 끊임없는 연습이 필요했고 그의 일상 또한 창작의 연속이었다. 이런 노력과 환경, 잠재력 모두가 발휘되어 재능이 발현된 위대한 음악가 베토벤이 탄생하게 된 것이다.

피아노 소나타 No.32 Op.111 2악장

피아니스트 안드라스 쉬프는 이 작품을 "베토벤은 결코 반복하지 않는다. 이 소나타는 인류의 불가사의 중 하나이다"라고 말했다. 그가 이렇게 말한 이유는 피아노 소나타 32번은 베토벤 자신의 고통과 삶의 경험을 음악에 담아내면서 같은 방식을 반복하지 않고 늘 새로운 음악 표현을 만들어 냈기 때문이다. 특히 변주곡 형식으로 구현한 2악장 '아리에타 Arietta'는 베토벤이 작곡한 느린 악장 가운데 최고의 악장으로 손꼽힌다.

피아노: 안드라스 쉬프 Andras Schiff

고독한 거장(빈 근처를 산책하는 베토벤), 오토 노박, 1882

피날레

Finale
나만의 인생 교향곡을 시작해보세요

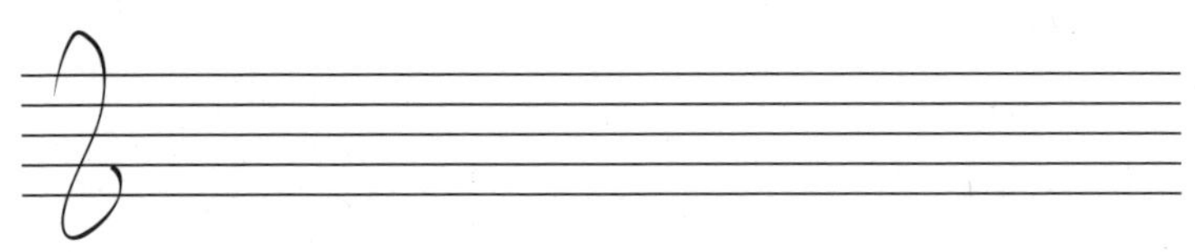

이 책을 읽으며 여러분은 베토벤이 어떻게 불가능을 가능으로 바꿨는지 궁금하셨을 겁니다. 답은 바로 자유와 몰입에 있습니다.

베토벤이 극심한 고통을 넘어섰던 비결은 무엇이었을까요? 그는 청력 상실이라는 절망 속에서 '나를 치유할 사람은 나 자신이다'라는 깨달음을 얻었고, '예술만이 자신을 붙들어 주는 유일한 수단'임을 알았습니다. 그가 발견한 '베토벤의 마법'은 다름 아닌 '침묵과 호흡'이라는 자기 성찰의 기술이었습니다. 외부의 소리가 차단되면서 베토벤은 오히려 내면에 몰입하는 시간을 통해 진정한 정신적 자유를 얻었습니다.

고독이 곧 자유였던 베토벤은 "후작은 천 명도 더 있겠지만, 베토벤은 오로지 나 하나뿐이다"라고 단호히 외치며 신분과 타인의 시선으로부터 자유로웠습니다. 그의 삶은 '위대함이란 더 나은 자신이 되기 위해 끊임없이 매일 쏟아 붓는 작은 행동'이라는 진리를 보여줍니다. 베토벤도, 베토벤의 음악도 결코 하루아침에 이루어지지 않았습니다. 매일 아침 커피 원두 60알을 세는 사소한 습관과 산책 중 발견하는 삶의 기쁨을 통해 자신을 지탱했습니다.

베토벤처럼 유연하고 자유로워지기 위해서 내 삶에 적용할 수 있는 구체적인 방법은 무엇일까요?

저는 여러분께 일상 속에 나만의 의식, '리추얼'을 만들어 보시기를 강력히 권합니다. 베토벤이 매일 원두 60알을 세는 시간을 가졌던 것처럼 산책하듯 들숨과 날숨을 느끼는 의식적인 호흡을 통해 온전히 '지금의 나'에게 머무는 시간을 단 3분이라도 가져보시길 권합니다. 잡념이 사라지고 내면의 소리에 귀 기울이게 될 때 누구와도 비교할 수 없는 '진정한 나'를 발견하게 될 것입니다.

이 책의 모든 챕터에 담긴 베토벤의 명곡들은 여러분의 일상에 위안과 넉넉함, 여유로움을 바라며 신중하게 선택했습니다. 이 책이 당신이 스스로 가두어 놓은 틀을 깨고 'Only One'이 되는 길을 조명했기를 바랍니다. 베토벤으로부터 얻은 삶의 지혜로 '운명

은 내가 정한다'는 신념을 가지고 나만의 독창적인 '인생 교향곡'을
완성해 나가시길 바랍니다.

　이 책을 쓰는 과정은 40년간 음악을 연구하고 연주해온 저에
게도 또 한번의 깊은 성찰의 시간이었습니다. 피아노 연습처럼 순
리대로 한 단계씩 나아가야 다음 단계가 온다는 것을 뼈저리게 느
꼈습니다. 글이라는 결과물을 향한 조급함 때문에 과정의 소중함을
간과할 뻔했던 순간이 있었습니다. 하지만 '일상의 반복이 위대함
이 된다'는 베토벤의 삶의 태도는 저의 성급함을 단호히 바로잡아
주었습니다.

　저는 이 책이 단순히 베토벤의 고난과 역경을 이겨낸 스토리
를 전달하는 것을 넘어 음악가의 관점에서 바라본 그의 깊은 삶의
철학을 여러분과 나눌 수 있는 매개가 되기를 바랐습니다. 베토벤
이 그의 예술을 통해 자신을 치유하고 돌아봤듯이, 독자 여러분 또
한 타인의 시선과 세상의 기준을 넘어 스스로의 내면을 돌아볼 수
있는 귀한 기회를 얻으셨기를 진심으로 바랍니다.

　이 책이 여러분의 삶과 음악, 그리고 베토벤을 알아가는 새로
운 여정의 시작이 되기를 바랍니다. 제가 베토벤을 통해 내면의 깊
이 있는 대화를 할 수 있었듯이, 여러분 또한 이 책을 통해 여러분
의 내면과 깊이 대화하는 시간을 가질 수 있기를 진심으로 응원합
니다.

베토벤 추천곡 플레이리스트

♪ 교향곡 No.6 Op.68 '전원'

♪ 피아노 소나타 No.32 Op.111 2악장

♪ 네 손을 위한 피아노 소나타 Op.6

♪ 피아노 소나타 No.2 Op.31 '템페스트'

♪ 교향곡 No.5 Op.67 '운명'

♪ 피아노 소나타 No.26 Op.81a '고별'

♪ 바이올린 소나타 No.9 Op.47 '크로이처'

♪ 피아노 협주곡 No.4 Op.58

♪ 교향곡 No.3 Op.55 '영웅'

♪ 피아노 소나타 No.29 Op.106 '함머클라비어'

♪ 피아노 협주곡 No.5 Op.73 '황제'

♪ 교향곡 No.2 Op.36

♪ 피아노 소나타 No.21 Op.53 '발트슈타인'

♪ 현악 4중주 Op.133 '대푸가'

♪ 현악 4중주 No.16 Op.135 2악장

♪ 피아노 3중주 No.3 Op.1

♪ 현악 4중주 No.15 Op.132

♪ 바가텔 No.1 Op.126

♪ 현악 4중주 No.16 Op.135

♪ 디아벨리 변주곡 Op.120

♪ 3중 협주곡 Op.56

♪ 피아노 소나타 No.15 Op.28 '전원'

♪ 피아노 소나타 No.31 Op.110 2악장

♪ 피아노 소나타 No.25 Op.79

♪ 가곡 Op.46 '아델라이데'

♪ 피아노 협주곡 No.3 Op.37

♪ 피아노 소나타 WoO 51

♪ 피아노 소나타 No.24 Op.78 '테레제'

♪ 피아노를 위한 안단테 WoO 57 '안단테 파보리'

♪ 피아노 소나타 No.32 Op.111 2악장

마흔에 다시 만난 베토벤

초판 1쇄 펴낸 날 ｜ 2025년 12월 26일

지은이 ｜ 이지영
펴낸이 ｜ 홍정우
펴낸곳 ｜ 브레인스토어

책임편집 ｜ 김다니엘
편집진행 ｜ 김진호, 정채현, 박혜림
디자인 ｜ 이예슬
마케팅 ｜ 방경희

주소 ｜ (03908) 서울시 마포구 월드컵북로 375, DMC이안상암1단지 2303호
전화 ｜ (02)3275-2915~7
팩스 ｜ (02)3275-2918
이메일 ｜ brainstore@publishing.by-works.com
블로그 ｜ http://blog.naver.com/brain_store
인스타그램 ｜ https://instagram.com/brainstore_publishing

등록 ｜ 2007년 11월 30일(제313-2007-000238호)

ⓒ 브레인스토어, 이지영, 2025
ISBN 979-11-6978-071-1 (03190)